八字決戰一生

生肖占卜篇下冊 02

史上八字完整的整套系列編輯書籍

1. 工作事業
2. 機會運勢
3. 婚姻感情
4. 金錢財運
5. 出行旅遊
6. 官司訴訟
7. 身體健康
8. 求職異動
9. 人際關係
10. 交易買賣
11. 貴人方位
12. 失物尋找

國家圖書館出版品預行編目資料

八字決戰一生. 生肖占卜篇 / 太乙編著 — 初版.
臺南市：易林堂文化，2013.07
冊 ；　公分
ISBN 978-986-88471-8-7 (上冊:平裝).
ISBN 978-986-88471-9-4 (下冊:平裝).
1. 命書 2.生辰八字
293.1　　　　　　　　　102011916

八字決戰一生-生肖占卜篇-下冊

作　　　者 / 太乙

總 編 輯 / 杜佩穗

執行編輯 / 王彩鱻

發 行 人 / 楊貴美

美編繪圖 / 林彥儒

出 版 者 / 易林堂文化事業

發 行 者 / 易林堂文化事業

地　　　址 / 台南市中華南路一段186巷2號

電　　　話 / (06)2158691　傳　真 / (06)2130812

郵局帳號：局號 0031204　帳號 0571561　戶名：楊貴美

電子信箱 / too_sg@yahoo.com.tw

2013年7月2日初版

總 經 銷 / 紅螞蟻圖書有限公司

地　　　址 / 台北市內湖區舊宗路二段121巷28號4樓

網　　　站 / www.e-redant.com

郵撥帳號 / 1604621-1 紅螞蟻圖書有限公司

電　　　話 / (02)27953656　傳　真 / (02)27954100

定價單冊：　532　元

生肖占卜篇 - 下冊 (目錄)

觀象，再以象解象

忝為太乙老師「終身學習班」之一員，平日職場忙碌，課後精進亦屬有限，於浩瀚之八字學海中，幸有太乙老師不斷提攜與教誨，研習至今尚小有心得及收穫，今承師不棄，再度囑以作序。

『八字決戰一生』一書，係以大自然生態生存之道，木成長的元素，套入天干地支的刑、沖、會、合、害及交互作用所產生氣之變化，為其學理之主要依據，從開運應用、數字占卜、易經連結、時空契機、至姓名風水等計16篇之整套完整系列命理叢書，實為當今有志研習八字命理者最佳之參考書籍。

太乙老師擅解時空卦，即以觀象方法來看八字，其功力已達爐火純青，登峰造極之境界，然只能觀象而無法解決象所產生之刑沖害，則人地事物亦無法圓融，「觀象，再以象解象」為傳統八字不傳之秘笈，太乙老師無私無藏教誨後學，末學以所學為親朋好友解卦，皆直入心坎，奇準無比，今舉一神奇不可思議之案例與讀者分享。

某朋友之女兒，其時、日、月之地支依序為酉、卯、丑，往內卯遇丑，卯木遇寒冬受傷，內心世界總認為母親是讓她受傷的女人，母女互動不良時有爭執，往外卯酉沖，卯木於秋結成果實凋零，與同儕相處不愉快，內外交戰。

　　筆者建議其以午馬（木馬）合丑安置於女兒臥房，朋友依末學建議於某日上午9時（巳）安置，其女兒於12時左右（午時）從四樓下來一樓，推開一樓玄關門，突然玄關門之強化玻璃全部破碎，然人卻全未割傷。

　　神奇不可思議之事發生了！隔天其女兒放學回家竟然至媽媽臥房問好，媽媽以為女兒是不是發燒了！從此以後母女關係大幅改善，午火合丑能量啟動，丑冰山破裂如同玄關門之強化玻璃破碎，這是以「象解象，人事圓融了！」

　　今欣聞老師大作即將付梓，末學才疏學淺謹啜數語，鄭重推薦並在此預祝老師易經八字學立基於台南，光大於高屏，風行於全台。

　　　　學生　合作金庫銀行經理　黃耀南
　　　　　　癸巳年戊午月甲辰日謹序

甲午年 12 生肖運勢

子鼠

7（戊子）19（丙子）
31（甲子）43（壬子）
55（庚子）67（戊子）
79（丙子）91（甲子）

子鼠屬冬天水之情性，聰明、反應快，能過目不忘；今年子鼠得到馬年給予的財利機會，得到事業、名望，成就自我，由黑夜暗地到光明，但子鼠要盡量在今年找到自己合適的舞台發揮表現，才能化解今年人事的衝突。今年子鼠能得到了金錢、感情，成就自我，也代表子鼠一切攤在陽光底下，受人之檢驗，光明以對，接受到更多的指教。

丑牛

6（己丑）18（丁丑）
30（乙丑）42（癸丑）
54（辛丑）66（己丑）
78（丁丑）90（乙丑）

丑牛寒凍之土，有專業的素養；遇午馬之年會改變丑牛擇善固執的情性，讓丑牛改變的更有智慧、更嫵媚動人。丑牛遇今年午馬年，可得到午馬提供的知識、智慧，及專業之助，午馬之年則能讓丑牛在今年更願意與人分享成果及利益，而得到福份與人際關係。也代表能同時獲得事業的成就及得到更多的權利與貴氣。

寅虎

5（庚寅）17（戊寅）
29（丙寅）41（甲寅）
53（壬寅）65（庚寅）
77（戊寅）89（丙寅）

寅虎屬春天之木，也代表樹幹、大樹；午馬之年有夏天炎烈之情性，代表高溫之能量、磁場。寅虎因為今年馬年而得到能量、磁場，造就了寅虎的成長，樹幹茁壯，也得到了發光、發亮的舞台，完美展現出他與眾不同的魅力及優美的姿態，可說是名利雙收的一年，更能創造出良好的人際關係，脫穎而出，造就名望。

甲午年 12 生肖運勢

卯兔

4（辛卯）16（己卯）
28（丁卯）40（乙卯）
52（癸卯）64（辛卯）
76（己卯）88（丁卯）
100（乙卯）

卯兔在大自然中屬於能快速成長的枝葉、花草。卯兔因馬年產生的能量而成長，但午馬是高溫，此高溫會讓卯兔感到困擾、壓力倍增，產生抗拒及想迴避的想法，尤其在農曆的五月。但此月過後，卯兔會更有能力、才華，去爭取到舞台發揮專長，從商則能快速佔有市場，得到成就，及賺取金錢、財物，也能得到貴人，扶搖直上。

辰龍

3 （壬辰）15（庚辰）
27（戊辰）39（丙辰）
51（甲辰）63（壬辰）
75（庚辰）87（戊辰）
99（丙辰）

辰龍天生就比其它生肖屬性的人有更多的福蔭及機會，也能開創、創新，樂於接受新的事物，但常自己設限，總覺得是懷才不遇，遇今年馬年，可讓辰龍覺得有家及愛的感覺，也讓辰龍得到知識、學識、保護、專業知識，及擁有更多的能力，可穩定的掌握金錢、物質、利祿，吸引更多群眾目光，也可造就更亮麗的事業。

巳蛇

2 （癸巳）14（辛巳）
26（己巳）38（丁巳）
50（乙巳）62（癸巳）
74（辛巳）86（己巳）
98（丁巳）

巳蛇熱情如火，富有想像力與創造力，為太陽之屬性；今年午馬也同屬火之情性，所以讓巳蛇在今年的人脈更加的旺盛，成就了巳蛇的名望之氣。巳蛇遇午馬來說，巳蛇在今年一直主動付出，當然也代表巳蛇一直在進步當中，能更上一層樓、成就自我。但火遇火有稍嫌暴躁性急的脾氣，一時之氣而導致事情失控的情形發生，宜小心提防。

甲午年 12 生肖運勢

午馬

1（甲午）13（壬午）
25（庚午）37（戊午）
49（丙午）61（甲午）
73（壬午）85（庚午）
97（戊午）

午馬為能量、高溫，企圖心旺盛，重視榮譽與承諾，主動積極。今年馬年，兩個午馬的組合，活力十足，專業能力強，更能造就輝煌的事業版圖。午馬遇午馬年的對應，能量極高，也易產生火爆的個性，行動太過於躁進，而帶來危險的組合，可透過寅虎之人來轉化這種高能量，凡事先做好計劃再行動，化阻力為助力，營造更好的成就。

未羊

12（癸未）24（辛未）
36（己未）48（丁未）
60（乙未）72（癸未）
84（辛未）96（己未）

未羊為平原之土，機智幽默，善於調解紛爭，但也容易製造紛爭，社交能力極佳；未羊遇午馬同屬高溫，今年占有慾特別很強，喜歡追根究柢，產生了爭辯。未羊遇馬年來說，午馬為未羊的印星，印星為學習、呵護之星，未羊能得到午馬的專業知識及學術，造就未羊有個穩定安逸的家，也成就了未羊的工作事業，創造學術與財利。

申猴

11（甲申）23（壬申）
35（庚申）47（戊申）
59（丙申）71（甲申）
83（壬申）95（庚申）

申猴為秋天之金，有才華與創意，是一位具有個人魅力的領導者；今年午馬讓申猴得到了能量、溫度、企圖心，產生了行動力，創造事業，成就事業版圖。申猴因為今年午馬年而得到官貴，可自由自在的行使職權，創造更亮麗成就，雖然申猴產生勞動之心，但仍然一切都可在自身的掌握當中，使自己能完成任務使命。

甲午年 12 生肖運勢

酉雞為秋收之果實，感性善良、善於理財、喜歡享受；午馬年造就了酉雞的事業、責任，使酉雞的事業日日增長，但午馬年的高溫、能量卻也引來酉雞的壓力，讓酉雞背負了極大的責任、義務，但一切的壓力責任，在酉雞得到金錢、財利進帳時，既能轉為滿滿的幸福。如果再能得到與寅虎之人互動、合作，將是名利雙收。

酉雞

10（乙酉）22（癸酉）
34（辛酉）46（己酉）
58（丁酉）70（乙酉）
82（癸酉）94（辛酉）

戌狗屬秋季收斂之土，被動、堅持、固執、忠心，有自己的想法，能掌握權貴，也樂於助人；今年午馬讓戌狗得到滿滿的愛及無盡的助力，此能量可蘊育戌狗成長苗壯，戌狗對應午馬，戌狗得到午馬給予的能量、滿滿的愛、關懷、家的安逸感覺，使得戌狗更有智慧，培養出耐心與自信，懂得如何理財，製造獲利而成功。

戌狗

9 （丙戌）21 （甲戌）
33（壬戌）45（庚戌）
57（戊戌）69（丙戌）
81（甲戌）93（壬戌）

亥豬屬冬天之水，其性積極、主動、勇於追求夢想。亥豬今年遇午馬，午馬熱情提供了金錢、物質、錢財及能量、感情，給予亥豬，讓亥豬於金錢上無後顧之憂，能全力以赴，也造就了亥豬積極、熱情的情性，亥豬遇午馬願意接受人之檢視，得到求財、求感情之機會，造就了安逸穩定的生活，得到滿滿的喜悅，名利雙收。

亥豬

8 （丁亥）20（乙亥）
32（癸亥）44（辛亥）
56（己亥）68（丁亥）
80（乙亥）92（癸亥）

十二生肖地支索引

子鼠對應十二生肖地支

丑牛對應十二生肖地支

寅虎對應十二生肖地支

卯兔對應十二生肖地支

辰龍對應十二生肖地支

巳蛇對應十二生肖地支

午馬對應十二生肖地支

未羊對應十二生肖地支

申猴對應十二生肖地支

酉雞對應十二生肖地支

19

戌狗對應十二生肖地支

亥豬對應十二生肖地支

前言：

八字決戰一生 生肖占卜篇（下冊）

生肖占卜篇下集十二大項目

1. 工作事業：
2. 機會運勢：
3. 婚姻感情：
4. 金錢財運：
5. 出行旅遊：
6. 官司訴訟：
7. 身體健康：
8. 求職異動：
9. 人際關係：
10. 交易買賣：
11. 貴人方位：
12. 失物找尋：

以此十二項當查詢、翻閱的主要大綱，此十二項目幾乎已含概我們日常生活中的所有重大事項的一切了，當然也可延申更細小的生活庶務，只要您熟悉之後自然可無限的延申。

坊間的數字占卜、卦爻之占卜，極少講解推演的理論，只有直接寫答案讓您去查對。

此法：

第1: 不知道答案是否正確。因為沒有推演學理交待。

第2: 縱使您使用對照了數十次以上，還要再繼續使用他的課本對照，要不然也無法解題。因為沒有推演的學理作交待。

本系列書籍，用大自然生態植物成長的過程作為理論根據，都是有跡可循的，因為五行(木、火、土、金、水)當中只有木有生命，人的屬性與木的成長過程極為相似，故以此為學理依據。

有了學理依據時，當我們常常使用、翻閱，找尋答案的同時，已在校對我們的推理與本書的答案是否有一樣，當下即是在學習、背記、演練了。經一次又一次的對照、找尋之後，很快即能學成，不用再翻閱，本書就成只是讓客人翻閱對照的工具書，而不是我們的小抄了。

您說：本系列書籍的價值性是不是難以衡量呢？願能與您再次結緣，也感謝您再次購買「易林堂」出版的係列書籍。謝謝！

導讀及十二大項介紹

生肖地支占卜牌卡應用學理推演理論解析

1. 工作事業：

　　以第一個生肖地支當主體我，以第二個生肖地支當結果論，並以官星為輔佐論之。

　　一般會以秋冬之氣轉為春夏之氣，代表能量在提升。如果春夏之氣轉為秋冬之氣，代表能量在遞減。此工作事業較不怕沖剋，沖剋是一種轉變、掌握，以結果論論之。

例如：丑牛寒冰變為午馬或未羊稱氣之轉變提升

◎ 何為春天之氣呢？

生肖地支寅虎、卯兔、辰龍、巳蛇、午馬、未羊，代表春夏之氣。
生肖地支申猴、酉雞、戌狗、亥豬、子鼠、丑牛代表秋冬之氣。

　　第一個生肖與第二個生肖相同，代表熟悉的環境，沒有進展。

例如：子遇子。丑遇丑。寅遇寅。……
以剋我為工作事業，但第一個生肖因寒冬破壞春天之氣，為自己太大意，弄巧成拙。例如：丑牛（寒冬）遇卯兔（春天之氣）。丑牛遇卯兔為官星（十神表請查閱上冊253頁，於254~283頁有十神應用個別涵意解析），丑牛寒冬讓卯兔春天之氣受傷了。

24

2. 機會運勢：

　　以第一個生肖地支當主體，以第二個生肖地支當結果論。

　　以第一個生肖地支被第二個生肖地支限制或破壞受限，為機會運勢差。

　　第二個生肖地支被第一個生肖地支限制或破壞，代表因為自己的因素而自我設限，機會運勢不好。

◎第一個生肖地支被第二個生肖支限制或破壞受限，為機會運勢差。
例如：子鼠對辰龍（88頁），子鼠屬水入辰龍之氣，代表受限，只要改變，即被收藏受到限制，機會運勢差。

◎第二個生肖地支被第一個生肖地支限制或破壞為自我設限。
例如：丑牛遇子鼠（96頁），順遂、守成，雖能掌握，但自我設限太多。

3. 婚姻感情：

　　以第一個生肖地支當主體，以第二個生肖地支當互動對應關係，並以財、官及合為主軸，忌沖及氣的冷熱轉變都是不好的對待。

　　合為黏密、牽絆、在意。財為感情，亦為男命的老婆、女朋友。官為女命的老公、男朋友。以此配合論之。

◎第一個生肖地支當主體，以第二個生肖地支當互動對應關係，並以財、官及合為主軸。
例如：寅虎對應丑牛（109頁）：黏密、穩定，雖不浪漫，但有好的結果。

◎忌沖及氣的冷熱轉變都是不好的對待。合為黏密、牽絆、在意。
例如：寅虎對應申猴（116頁）：宜透過溝通，用甜言蜜語代替爭執。

十神對待應用於上冊252頁起至283頁共32頁。有十神應用個別涵意解析，於本書下冊不再重複論述。請直接查閱上冊即可。

4. 金錢財運：

以第一個生肖地支當主體，以第二個生肖地支當互動對應關係，並以財星 (我可以掌控為財) 為主軸。

第一個生肖地支被剋、被約束為忌，代表金錢、財運不佳。

第二個生肖地支被第一個生肖地支所剋、所約束為喜，代表金錢、財運在提升，財源廣進。

◎第一個生肖地支被剋、被約束為忌，代表金錢、財運不佳。

例如：亥豬對應丑牛（217 頁）：無法獲得，宜往南或找午馬之人增加機會財運。

◎第二個生肖地支被第一個生肖地支所剋、所約束為喜，代表金錢、財運在提升，財源廣進。

例如：亥豬對應巳蛇（221 頁）：重見光明、財運到來，名利雙收。

於另一本書著作「八字決戰一生生肖占卜，專解下冊篇」，即是解釋此十二大項目的學理依據，將此十二大項目作完整的推演應用解析。全書共320 頁彩色平裝。

5. 出行旅遊：

　　以第一個生肖地支當主體，以第二個生肖地支當互動對應關係。忌第二個生肖地支剋、沖、破壞、改變第一個生肖地支。代表出外旅遊不好，無法盡興而歸，建議延期或放棄。

　　第一個生肖生第二個生肖，代表快樂如意、順利。

　　第一個生肖與第二個生肖相合，代表牽絆多、受限多、無法放鬆心情。

◎第二個生肖地支剋、沖、破壞，改變第一個生肖地支。代表出外旅遊不好，無法盡興而歸，建議延期或放棄。

例如：亥豬對應辰龍（220頁）：出外受限多，常為事業煩心，無法放鬆、建議放棄，另擇期出發。

◎第一個生肖生第二個生肖，代表快樂如意、順利。

例如：巳蛇對應未羊（151頁）：如期外出，平安順利。

◎第一個生肖與第二個生肖相合，代表牽絆多、受限多、無法放鬆。

例如：巳蛇對應酉雞（153頁）：會耽誤日期、牽絆多，宜小心謹慎。

6.官司訴訟:

　　以第一個生肖地支當主體,以第二個生肖地支當互動對應關係。忌第二個生肖地支剋、沖、破壞、改變第一個生肖地支之氣及五行。代表不宜提告,會敗訴;或代表有官司訴訟之災,宜和解為貴。

　　　第一個生肖地支剋、沖、破壞,改變第二個生肖地支之氣及五行,代表勝訴、理由充足。

　　　第一個生肖與第二個生肖相同,代表旗鼓相當,宜和解。

◎第二個生肖地支剋、沖、破壞、改變第一個生肖地支之氣及五行。代表不宜提告,會敗訴;或代表有官司訴訟之災,宜和解為貴。
例如:午馬對應亥豬(167頁):易受黑名之災,防訴訟、宜和解。

◎第一個生肖地支剋、沖、破壞,改變第二個生肖地之氣及五行,代表勝訴、理由充足。
例如:申猴對應寅虎(182頁):能壓倒性的勝利,並獲得金錢賠償。

◎第一個生肖與第二個生肖相同,代表期鼓相當,宜和解。
例如:未羊對應未羊(175頁):平分秋色,以和為貴。

7.身體健康：

　　以第一個生肖地支或第二個生肖地支當主體，無論哪一個生肖地支被沖、破壞、太多或氣之變化為該五行之疾病產生。又以能調解二氣互相違背的生肖地支為診治之方向。

◎以第一個生肖地支或第二個生肖地支當主體，無論哪一個生肖地支被沖、破壞、太多或氣之變化為該五行之疾病產生。
例如：巳蛇對應酉雞（153頁）：心血管之疾（巳火為心血管）、胃腸（酉金果實）、婦女病（酉金果實，也代表子宮），宜往東北東（寅虎之方位，讓酉雞的功能性增加）診治。

◎又以能調解二氣互相違背的生肖地支為診治之方向。
例如：午馬對應子鼠（156頁）：心臟病（午被子沖）、高血壓（午被子沖）、肺炎（子午沖產生辛金），宜往東北東診治（東北東為寅虎，寅虎能吸收子鼠之水，並能讓午馬產生功能性、被利用之價值，所以建議往東北東診治）。

8. 求職異動：

　　主體在於異動好不好，與第1.工作事業論法略同。以第一個生肖地支為主體，以第二個生肖地支當結果論，一般會以秋冬之氣轉為春夏之氣，代表能量在提升，適合異動。如果春夏之氣轉為秋冬之氣，代表能量在遞減，不適合異動。此求職異動較不怕沖剋，沖剋是一種轉變、掌握，以結果論論之。

例如:子鼠(秋冬)變為巳蛇(春夏)、午馬(春夏)，稱氣之轉變提升。

◎以第一個生肖地支為主體，以第二個生肖地支當結果論，一般會以秋冬之氣轉為春夏之氣，代表能量在提升，適合異動。
例如：亥豬對應午馬（222頁）：異動能獲得財利及名份，積極可成。

◎如果春夏之氣轉為秋冬之氣，代表能量在遞減，不適合異動。
例如：巳蛇對戌狗（154頁）：守舊為要。動了一無所有。(此乃動了巳蛇之火被戌狗收藏了)

9.人際關係：

　　以第一個生肖地支當主體，第二個生肖地支當對應關係。以第一個生肖地支助扶第二個生肖地支為喜歡參與團體互動。

　　第一個生肖地支約束、限制、沖、改變第二個生肖地支，代表本身強勢主導，人際關係不好。
　　第二個生肖地支約束、限制、沖、改變第一個生肖地支代表常被限制、約束、委屈求全，為人際互動差，不喜歡參與團體互動。

◎第一個生肖地支約束、限制、沖、改變第二個生肖地支，代表本身強勢主導，人際關係不好。
例如：亥豬對應辰龍（220頁）：願意投入團體，卻也讓周遭人感到疲憊不堪。

◎第二個生肖地支約束、限制、沖、改變第一個生肖地支，代表常被限制、約束、委屈求全，為人際互動差，不喜歡參與團體互動。
例如：酉雞對未羊（199頁）：人際關係不佳。事與願違，改換團體，可化解。

◎以第一個生肖地支助扶第二個生肖地支為喜歡參與團體互動
例如：巳蛇對未羊（151頁）：魅力無窮，人脈旺盛，帶來諸多好評。

10. 交易買賣：

以第一個生肖地支當主體，第二個生肖地支當對應關係，配合財星（我第一個地支，能掌控第二個生肖為財）為主軸。

第一個生肖地支能剋、約束、限制、沖、改變第二個生肖地支者，代表交易買賣成功，並能獲得金錢利潤。如果第二個生肖地支剋、約束、限制，改變第一個生肖地支，代表我受限，無法交易成功，或無法獲得財利。

◎第一個生肖地支能剋、約束、限制、沖、改變第二個生肖地支者，代表交易買賣成功，並能獲得金錢利潤。
例如：巳蛇對應申猴（152頁）：忙碌有所成，順利得財，利潤佳。

◎第二個生肖地支剋、約束、限制，改變第一個生肖地支，代表我受限，無法交易成功，或無法獲得財利。
例如：午馬對應子鼠（156頁）：交易不成，不用急著買賣，免得損失。

11.貴人方位：

　　凡是可以調解第一張牌卡生肖地支及第二張生肖地支的地支，為貴人方位。或對第一張生肖地支有加分的生肖地支為其貴人方位。

◎凡是可以調解第一張牌卡生肖地支及第二張生肖地支的地支，為貴人方位。

例如：巳蛇對應戌狗：正東之方位。因為巳蛇遇到戌狗為太陽下山，失去功能性，透過正東之方位為卯兔，巳蛇太陽產生功能性孕育卯兔之成長，而且能在戌狗土上慢慢穩定成長，各個透過卯兔都產生了功能及價值性，稱貴人方位。

◎對第一張生肖有加分的生肖地支為其貴人方位。

例如：巳蛇對應亥豬（155頁）：正南之方位。因為亥豬破壞巳蛇，正南為午馬之方位，用午馬來合絆亥豬，又午馬與巳蛇同氣，可增加巳蛇之能量，所以用午馬正南之方位為貴人方位。

◎十二生肖地支所屬之方位：

子鼠為正北方。丑牛為東北北方。寅虎為東北東方。

卯兔為正東方。辰龍為東南東方。巳蛇為東南南方。

午馬為正南方。未羊為西南南方。申猴為西南西方。

酉雞為正西方。戌狗為西北西方。亥豬為西北北方。

12. 失物找尋:

　　以第一張生肖地支為主題,代表失物;以第二
張生肖地支為對應互動關係所在點。若第二張生
肖地支破壞、沖、第一張生肖地支及氣的轉變,
稱之找不回來或已損壞。或第二張牌被第一張牌
破壞、沖,代表東西找不回或已損壞。
　　第二張生肖地支受生、被合、受約束即代表失
物所在地點、屬性特質。

◎第二張生肖地支破壞、沖、第一張生肖地支及
氣的轉變,稱之找不回來或已損壞。
　　例如:午馬對子鼠:無法找回,東西已損壞。
此乃子鼠破壞沖午馬,所以找不回、損壞。

◎第二張牌被第一張牌破壞、沖,代表東西找不
回或已損壞。
　　例如:午馬對卯兔(159頁):找回東西也損壞
了。此乃午馬溫度太高,讓卯兔受傷之故。

◎第二張生肖地支受生、被合、受約束即代表失
物所在地點、屬性特質。
　　例如:申猴對子鼠(180頁):粗心大意。往北
或水邊找,即可尋獲。此乃子鼠被申猴所生,
子鼠為北邊,子鼠也代表水,故為往北邊或水邊
找,即可尋獲。

十二生肖地支兩儀卜卦

太乙兩儀卜卦法祕訣，兩儀卦創始人：太乙

何謂兩儀卦？兩儀即是陰陽。何謂為陰陽？陰即是未知、陽即是已知。已知是我們要問的主體、稱之已知、為陽；未知就是代表主體的吉凶答案，稱之為陰，透過一陽一陰的組合交媾，呈現出的結果論。

一般人聽到八字、五行、紫微斗數、姓名學…等等，一般人總以為是專家、老師才能懂的深奧又神祕的理論。本書教您用簡單的方法，透過陰陽兩儀的生肖地支組合，延申了十二大項主體，方便您查詢解象。利用十二生肖地支，而且這生肖地支占卜可連結八字與五行及當日的日子、氣候來算命，也可透過本書來訓練八字推演的功力。

在此我們就用太乙為您精心製作的十二地支占卜牌卡來作為占卜的工具。而抽牌後的解讀只要翻閱84頁至227頁的內容，從子鼠對子鼠到亥豬對亥豬的一百四十四組生肖地支組合，可以像查詢字典一樣地使用。

所有的卜卦應用及連結，只要您「誠心」使用，必會有應驗的成果。

本書的應用可配合上冊，有很詳細的學理解釋，當然使用上冊時，在配合本書下冊，將主體細分成十二大項，能有更清楚的掌握。只能說準。

36

兩儀法卜卦步驟及實例

步驟1： 占卜前的勒令、靜牌儀式

開牌第一次使用先勒令。先淨化並求太陽神君與、太陰星君勒令。

準備太乙為您精心製作的十二地支生肖占卜卡，選擇在丙、丁、戊、己之日。農曆的十四日或十五或十六日，先在白天有太陽之早上，將此副牌卡在太陽底下打開，並張開，而且虔心默念：

「弟子○○○誠心祈求太陽神君、太陰星君以及列位眾神，賜下日月光明在牌卡上，所求一切是非曲直都能無私顯現。」連續念七次，然後先收好，在等晚上月亮出來時，依照早上的方式虔心默念：「弟子○○○誠心祈求太陽神君、太陰星君以及列位眾神，賜下日月光明在牌卡上，所求一切是非曲直都能無私顯現。」，一樣連續七次，者大功告成，稱已勒令完成。以後再使用時，即馬上可使用，不用再勒令了。

步驟2： 抽牌步驟

請提問的人一邊洗牌，一邊在心裡默念想問的事，愈具體清楚愈好，如自己的名字、詢問對象的名字或名稱 與地址，然後抽出兩張牌。

第一張代表提問的當事者本人，我們稱之為陽儀，第二張代表所詢問的對象人事物，對當事人的影響，我們稱為陰儀；這兩張牌顯示了提問者本人和問題之間所發生的情況。

步驟 3： 抽牌後翻閱查封對本書

從本書84頁至227頁查詢抽出的兩張生肖牌卡個別所代表的意義，以及兩個生肖地支之間的關係。

步驟4： 由本書找到答案

從書中查詢這兩張牌卡之間的生肖彼此相對的五行生剋，可另加入十神法(可由上冊的十二地支生肖十神表查詢253~283頁)更可靈活應用於人事、六親與特定人物之互動相對關係。由此推論代表卜卦者的第一張為陽，與代表所問人事物的第二張牌為陰，兩者相互間的影響及互動關係。

此使用法準確度相當高，並且可訓練四字八字及時空十字解盤功力，保護隱私，快、狠、準。

【以下舉四個實例，作為實際的操演，
　　讓您進入本書下冊的實際應用。】

例 1. 想換工作不知是否可以？

應用：先誠心誠意默念：我○○○目前在台中公司上班，因覺得有志難伸，想換到彰化○○公司，不知是否能被重視、吉凶事項如何？

默念完後抽出第一張，假設為子鼠，者先將此牌先放在左手邊，再觀想默念一次，抽出第二張牌，假設為午馬，將此牌放在右手邊，其組合為子鼠對午馬，在翻閱90頁，查對十二項目大標題為「財源廣進」，再查第八項即代表求職異動：機會不錯，好好把握。

子鼠對午馬　財源廣進	
1. 工作事業	目標明顯，能快速發展
2. 機會運勢	主動外出即能掌握機會
3. 婚姻感情	不要給對方太大的壓力
4. 金錢財運	水清石見。積極掌握，可快速得財
5. 出行旅遊	衝突多，宜等待時機
6. 官司訴訟	撥雲見日，扳回面子
7. 身體健康	腎臟病、心臟病、眼病，直往東方診治
8. 求職異動	機會不錯，好好把握
9. 人際關係	水火不容，宜低調行事，防爭辯
10. 交易買賣	可獲得暴利，馬上下訂單
11. 貴人方位	正東之方位
12. 失物找尋	難尋。往電腦旁、火爐旁找找

　　所以此組合雖然以八字學理來說是沖，但沖即是一種改變，改變後的結果是得財的，代表是好的。當然也可再參考上冊第 84 頁，子鼠遇午馬的對應關係，有明確的學理來源，其截錄上冊84頁，子鼠遇午馬的對應關係，解析為：

子　鼠屬冬天的陰水，午馬屬夏天的陰火，同性質的
　　陰水陰火相剋，子鼠得到午馬給的財利機會，得
到事業、名望，成就自我，由黑夜暗地到光明，午馬
的衝動，求新求變，因有子鼠而冷靜，但有時卻如同
是死對頭，就像是水火不能相容一樣。如果要有好的
互動關係，子鼠要盡快找到自己合適的舞台發揮表現，
才能減輕子鼠對午馬的挑剔、緊迫盯人的情性。

子　鼠與午馬有時候在溝通方面，也常弄得雙方大發
　　脾氣，最後不歡而散，倆人最好找上屬虎的朋友，
共同加入合作或互動，就能化解不必要的衝突，也可
透過培養栽種植物的興趣，做氣的轉移，就能各自得
到金錢、事業了，所以雙方在互動時，最好不要表達
太多的意見。

　　以子鼠對應午馬，是子鼠會得到了金錢、感情，成
就自我，也代表一切攤在陽光底下，受人之檢驗，光
明以對，接受到更多的指教。

例 2.

　　　　最近有一批貨想要出清，不知結果如何？
應用：先誠心默念：我○○○經營成衣加工，有一
批庫存，想要賣給○○服飾店，不知是否順利？能
否得財？

　　默念完後抽出第一張牌，假設為丑牛，者先將
此牌放在左手邊；再默念一次，抽出第二張牌，
假設為酉雞，將此牌放在右手邊，其組合為丑牛
對應酉雞，再翻閱本書第105頁，先查對大標題，
丑牛對酉雞「秋收入庫」，即代表出清會得到好
的結果，再查看第十項交易買賣：不熱絡，但能得
到目標，代表可以達成的。

丑牛對酉雞　秋收入庫	
1.工作事業	心想事成，一切在掌握中
2.機會運勢	雖有好的收成，但自我設限太多
3.婚姻感情	甜蜜的負擔，有好的結果
4.金錢財運	豐收入庫，大有斬獲
5.出行旅遊	如果無法放鬆心情出遊，不如在家休息
6.官司訴訟	以和解為主軸，免糾纏過久
7.身體健康	久病纏身，獲得控制
8.求職異動	不要改變，即將豐收
9.人際關係	人緣佳，且容易自我設限，多給自己機會
10.交易買賣	不熱絡，但能得到目標
11.貴人方位	東北東之方位
12.失物找尋	放在鐵櫃內或冰箱旁，沒有遺失

　　所以丑牛得到了酉雞入丑庫，是一種好的組合。當然也可在參考上冊第 101 頁，丑牛遇酉雞的對應關係，有明確的學理來源，其截錄上冊第 101 頁，丑牛與酉雞對應關係，解析為：

丑 牛為冬藏之地，行事獨立、負責任；酉雞為秋天收成之果實，愛惜羽毛、佔有慾旺盛，能享成。酉雞入丑牛之庫，酉雞的成果、心血得以保存，倆人成為知心之交，無論是在人際互動、言語方面，還是在辦事成果方面，哪怕是微不足道的事情，兩人也會盡心盡力，合作到最好的程度。

因為雙方對彼此有一種深度信任的心態，酉雞對於丑牛是心甘情願聽命於丑牛，與丑牛結合在一起，就是這樣的彼此信任，使他們能夠放心地依賴對方，成為一對最佳拍擋及終身好友。

以丑牛對應酉雞來說，丑牛是酉雞的印星，印星為知識、學習，丑牛提供了安逸穩定家給予酉雞，讓酉雞得到了安全感，願意入丑牛的冬藏之庫。丑牛因為有酉雞，得以自在的表現出自己完美的一面，因為酉雞給予丑牛舞台、能力、才華表現之機會，讓丑牛不再是粗礦的土頭，而是藏有豐沛黃金的寶山金庫。

例3.

我想結婚，不知時機是否已經成熟了？
應用：先誠默念：我○○○與○○○女朋友已經相處半年了，我想向她求婚，不知時機是否已經成熟了？她對我的感覺如何？

默念完後抽出第一張牌，假設為卯兔，者先將此牌放在左手邊；再默念一次，抽出第二張牌，假設是巳蛇，將此牌放在右手邊，其組合為卯兔對應巳蛇，再翻閱本書第125頁，先查大標題，卯兔對巳蛇「天時地利」，即代表時機已到，要趕快採取行動。再查看第三項婚姻感情：一見鍾情，助力多，坦誠相處，代表是可成為好的伴侶。

卯兔對巳蛇　天時地利	
1.工作事業	名利雙收，四通八達
2.機會運勢	有財有利，可擴大，但勿貪大
3.婚姻感情	一見鍾情。助力多。坦誠相處
4.金錢財運	能快速得財，貴人扶助
5.出行旅遊	晴空萬里。快樂平安
6.官司訴訟	真相大白、水落石出
7.身體健康	無法控制，宜速轉診。小病吉
8.求職異動	動者安，安者名利雙收
9.人際關係	天時、地利、人和。順利興旺
10.交易買賣	心想事成。獲利高
11.貴人方位	西南南之方位
12.失物找尋	通道處，馬上可尋獲

所以卯兔得到巳蛇的太陽火，是一種好的組合，當然也可在參考上冊第130頁，卯兔遇巳蛇的對應關係，內容有明確的學理來源。其截錄上冊第130頁，卯兔與巳蛇對應關係，解析為：

卯兔有春天欣欣向榮之氣，富有想像力與創造力，聰明、有智慧；巳蛇則有夏日艷陽的蓬勃朝氣…………

以卯兔對應巳蛇來說，巳蛇讓卯兔得到人生的舞台，得以發光發亮，讓卯兔在舞台上有亮眼的表現，充分的發揮卯兔的迷人之處，並因此得到名聲、金錢，甚至揚名海外，巳蛇也因卯兔的成長讓巳蛇得到了無限的成就感與喜悅。

例 4. 想到國外旅行，不知此次的行程如何？
應用：先誠心誠意默念：我○○○想要與家人成員
共四人到大陸旅行遊玩 7 天，從 102 年 7 月 12 日
至 7 月 18 日回到台灣，不知這次的旅途結果如何？

默念完後：抽出第一張牌，假設為未羊，將此牌
放在左手邊，再次觀想默念一次，抽出第二張牌，
假設為酉雞，將此牌放在右手邊，其組合為未羊
對應酉雞「犒賞享福」，代表此次的旅遊是快樂
的、享福、平安的，再查第五項出行旅遊：精神愉
快、平安。但不宜買太多食品回家，會損壞。

未羊對酉雞　犒賞享福	
1.工作事業	榮譽達利，穩健獲利
2.機會運勢	豐收享成，機運好
3.婚姻感情	給對方太多的呵護，反造成阻力
4.金錢財運	精力旺盛，豐收財運佳
5.出行旅遊	精神愉快、平安。但不宜買太多的食品回家，會損壞
6.官司訴訟	理由充足，勝訴
7.身體健康	肺發炎，子官腫瘤，往東北東診治
8.求職異動	動者有財，豐收享成
9.人際關係	人際不佳，雖給對方諸多呵護，卻反成對方的壓力
10.交易買賣	有立桿見影之象，圓滿收成
11.貴人方位	東北東之方位
12.失物找尋	自己大意，已毀損找不回了

所以此次的旅遊只要放鬆自己，就可得到快樂喜悅的，但主要還是不要增加旅途中的負擔，買了太多的禮品回家。

所以未羊對應酉雞的組合是犒賞享福、喜悅、平安的。當然也可再參考上冊第 192，未羊遇酉雞的對應關係，有明確的學理來源解釋，其截錄上冊第 192 頁，未羊與酉雞對應關係，解析為：

未 羊夏季之土，溫度燥熱，有理想、多才多藝、企圖心旺盛，適應力強，感情豐富，也善於利用環境、把握機會以實現夢想；酉雞為秋收之果，有很好的交際手腕，人際關係佳，口才伶俐，能守成，懂得投資理財、創造財富。未羊與酉雞他們的性格大大不相同，難以建立起良好的友誼，未羊的高溫之土容易導致酉雞秋收之果實剝落受傷。

以未羊對應酉雞來說，未羊得到酉雞的果實，使未羊本身自信滿滿，滿載而歸，得到更多的財富，一切在未羊的掌握當中；但卻因為未羊溫度燥熱，屬於極高溫，未羊給予酉雞的學術、知識、智慧，學習環境的不適應感，往往造成酉雞本身錯誤的學習觀念及錯誤的知識而受傷。因未羊也急著想表現、發表其心得、著作，使其表現不如預期的理想。

以上的步驟及實例只要熟讀就能應用自如，也能快速成為占卜大師。

◎以下為十二生肖地支特性簡介：

子鼠特性簡介

1. 生肖	老鼠。五行屬陰水	
2. 節氣	子十一月大雪(節)經冬至(氣)至小寒前	
3. 時間	深夜 11 點至凌晨 1 點	
4. 藏干	子藏「癸」	
5. 特性	高容量記憶、聰明、過目不忘、寒冷	
6. 月令	寒冷的冬天。農曆 11 月	
7. 氣候	白天:下雨天,晚上:無太陽	
8. 環境	沼澤、水池或低陷處、有水的地方	
9. 人物	很聰明但做事較會想些小把戲	
10. 義涵	寒冬水無法產生益木之功,木生機受限,無法蓬勃而生,是水滅木。	
11. 取象	代表池塘、水滴、雨露、暗溝、小偷、低陷處、毛筆、字畫。	
十二 辟卦	☷☳ 地雷復卦,一陽潛藏	

丑牛特性簡介

1. 生肖	牛。五行屬陰土	
2. 節氣	丑十二月小寒(節)經大寒(氣)至立春前	
3. 時間	早上1點至3點	
4. 藏干	丑藏「己、癸、辛」	
5. 特性	冰凍、固執	
6. 月令	寒凍的冬天、氣結沒有生機。農曆12月	
7. 氣候	密雲不雨、寒冷	
8. 環境	高山之土、結冰、寒凍、偏僻(無木)、修行之地(無人煙)	
9. 人物	忠心、執著、變通性不強、願意付出	
10. 義涵	冬藏、收藏、保存之意。秋收之果實在此冬藏入庫,為萬物之終。	
11. 取象	偏僻地方、人煙稀少、山丘之地、墳墓、冷藏之地、結構體、模具。	
十二 辟卦	☳☷ 地澤臨,形成二陽	

太乙

寅虎特性簡介

1.生肖	虎。五行屬陽木	
2.節氣	寅正月立春(節)經雨水(氣)至驚蟄前	
3.時間	早上3點至5點	
4.藏干	寅藏「甲、丙、戊」	
5.特性	春天之氣,能量屬陽其氣寒	
6.月令	屬寒春之季。農曆1月(立春)	
7.氣候	陰冷、濕氣重	
8.環境	學校、公園、墳場旁、醫院、耐寒之樹木、高凸處、地方的指標。	
9.人物	堅持、執著、穩定進步中,在壓力環境中穩定成長	
10.義涵	剛經歷過嚴冬丑土而成的木,為孟春,為播種、耕耘、一切計畫的開始。	
11.取象	木製傢俱、樹木、公園、路燈、果樹、指標性建築、學校。	
十二 辟卦	☷☰ 地天泰,三陽開泰	

卯兔特性簡介

1. 生肖	兔。五行屬陰木	
2. 節氣	卯二月驚蟄(節)經春分(氣)至清明前	
3. 時間	早上5點至7點	
4. 藏干	卯藏「乙」	
5. 特性	狡兔三窟,很會鑽、適應力強	
6. 月令	暖春。農曆2月	
7. 氣候	天晴,會下點小雨	
8. 環境	熱鬧之環境、人多口雜、密集之地、百花盛開	
9. 人物	會掌握機會、聰明、主動、善解人意	
10. 義涵	枝葉茂盛的花草、樹木,為小花草、藤蔓,其根入土淺,也代表樹葉。	
11. 取象	小盆栽、滕類植物、瓜菓、文書、小傢俱、書本。	
十二 辟卦	䷡ 雷天大壯,木火土相當旺盛	

太乙

辰龍特性簡介

1. 生肖	龍。五行屬陽土
2. 節氣	辰三月清明 (節) 經穀雨 (氣) 至立夏前
3. 時間	早上 7 點至 9 點
4. 藏干	辰藏「戊、乙、癸」
5. 特性	高山聚集而成的水庫 (裡面空的，才能儲水)
6. 月令	陽氣旺盛之季春。農曆 3 月
7. 氣候	風和日麗。晚上雲霧密佈
8. 環境	低陷處、地下室、水池、游泳池
9. 人物	指標性人物，能廣結善緣，掌握機會的人。
10. 義涵	蓄水的水庫，為地網、為收藏水資源的水庫；利灌溉農作物、樹木。
11. 取象	低窪之處、地下室、地下通道、水庫、熱鬧之地、稻田、店面。
十二 辟卦	☱☰ 澤天夬，草木茂盛，蓬勃而生

巳蛇特性簡介

1. 生肖	蛇。五行屬陽火	
2. 節氣	巳四月立夏 (節) 經小滿 (氣) 至芒種前	
3. 時間	早上 9 點至 11 點	
4. 藏干	巳藏「丙、庚、戊」」	
5. 特性	珍惜羽毛，喜與權貴之人接近，重視名聲勝於金錢	
6. 月令	太陽普照。農曆 4 月	
7. 氣候	晴天、風和日麗	
8. 環境	為六陽之地，居住地前面較寬敞	
9. 人物	皇帝，主管，有名氣的人物	
10. 義涵	陽光、能量、溫度一直在加溫，花草樹木也開始成長茁壯，百花齊艷。	
11. 取象	飛機、最快的驛馬、太陽、大廟、公家機關、宗祠、能源。	
十二 辟卦	☰☰ 此六陽無陰完美主義者	

午馬特性簡介

1.生肖	馬。五行屬陰火	
2.節氣	午五月芒種(節)經夏至(氣)至小暑前	
3.時間	中午11點至下午1點	
4.藏干	午藏「丁、己」	
5.特性	活潑、自信、熱情	
6.月令	溫度高的。農曆5月	
7.氣候	萬里無雲	
8.環境	環境明亮、重氣氛、感覺	
9.人物	重結果、講效率之人	
10.義涵	艷陽高照、日正當中,為太陽所留下的高溫,利於花草快速成長。	
11.取象	投射燈、熱爐、宮廟、便利超市、槍砲、火爐、能源供應地。	
十二 辟卦	䷫ 天風姤,一陰升起。	

未羊特性簡介

1. 生肖	羊。五行屬陰土	
2. 節氣	未六月小暑(節)經大暑(氣)至立秋前	
3. 時間	下午1點至3點	
4. 藏干	未藏「己、丁、乙」	
5. 特性	有較多機會但也易迷失方向	
6. 月令	炎熱的。農曆6月	
7. 氣候	晴天悶熱	
8. 環境	平原、乾土(可吸水)、熱鬧的市區，人口密集之地	
9. 人物	平易近人、很會理財	
10. 義涵	陽光、能量、溫度一直在加溫，花草樹木也開始成長茁壯，百花齊艷。	
11. 取象	土地廟、萬應公、熱鬧之地、菜市場、店面、小廟、床、田園。	
十二 辟卦	☰☶ 天山遯，四陽二陰，天官賜福	

53

左側（直書き）：
申猴特性簡介

申猴特性簡介	
1.生肖	猴。五行屬陽金
2.節氣	申七月立秋(節)經處暑(氣)至白露前
3.時間	下午3點至5點
4.藏干	申藏「庚、戊、壬」
5.特性	喜出風頭、堅強自信、好勝
6.月令	肅殺之氣的。農曆7月
7.氣候	颱風暴雨、晴時多雲偶陣雨
8.環境	製造工廠、鐵皮屋、鐘聲、壁泉、打擊
9.人物	執行者、總經理、業務
10.義涵	未成熟之果，也為強風，肅殺之氣庚金；樹木將承受狂風的考驗。
11.取象	神明、電源、水井、鐵皮屋、汽車修護廠、鐵軌、鐵櫃、鐘聲。
十二 辟卦	☷☰ 天地否，此時易引來小人、盜寇

酉雞特性簡介

1. 生肖	雞。五行屬陰金	
2. 節氣	酉八月白露(節)經秋分(氣)至寒露前	
3. 時間	傍晚5點至7點	
4. 藏干	酉藏「辛」	
5. 特性	是非分明、安逸想成	
6. 月令	豐收的。農曆8月	
7. 氣候	陰天、雲霧彌漫	
8. 環境	宗廟、果園、誦經之處、靈骨塔、沼澤之地、人多口雜	
9. 人物	三姑六婆、憎道、熱心雞婆之人、有成就之人	
10. 義涵	太陽即將下山，在此得到薪資、充滿喜悅，為成熟豐收的甜美果實。	
11. 取象	果樹、果實、廚房、黃金珠寶、金屬製品、靈骨塔、墳墓。	
十二 辟卦	☴☷ 風地觀，觀設立宗教、嚇止犯罪	

戌狗特性簡介	
1. 生肖	狗。五行屬陽土
2. 節氣	戌九月寒露 (節) 經霜降 (氣) 至立冬前
3. 時間	晚上 7 點至 9 點
4. 藏干	戌藏「戊、辛、丁」
5. 特性	忠誠、堅持
6. 月令	收斂之氣的。農曆 9 月
7. 氣候	密雲不雨、陰天
8. 環境	高突之地，前面阻礙、高樓大廈、地標、陰暗之地
9. 人物	能讓名望之人敬重，忠心、固執
10. 義涵	在抓其太陽的地支，丙火見戌土，太陽在此盡失光明，不見其魄力。
11. 取象	山上修行場所、山坡地、電鐵塔、城牆、人煙稀少、別墅、宮廟。
十二 辟卦	☶☷ 山地剝，成熟果實，剝落於高山

	亥豬特性簡介
1. 生肖	豬。五行屬陽水
2. 節氣	亥十月立冬 (節) 經小雪 (氣) 至大雪前
3. 時間	深夜 9 點至 11 點
4. 藏干	亥藏「壬、甲」
5. 特性	主動積極
6. 月令	寒冬的。農曆 10 月
7. 氣候	大雨、有風、水災
8. 環境	低窪、水池、易積水、魚塭
9. 人物	執行者、業務、拓展、積極、侵伐之人
10. 義涵	為流動、寒冷、黑暗、主動、侵伐性的水，為海水，此水具有破壞性。
11. 取象	盜寇、小偷、河流、湖泊水氾、瀑布、水圳、貿易、海洋、海運。
十二 辟卦	☷☷ 坤為地，陽氣不臨六爻全陰

遇子鼠 知己相逢：子鼠屬冬之水，遇子鼠，兩者情性相同、想法相同，有如知己相逢。

遇丑牛 相敬如冰：子鼠為水遇丑牛寒凍之土，為結冰、凍結之象，無法流動，如同相敬如冰。

遇寅虎 捨得付出：子鼠屬水，寅虎屬木，水來生木，水付出、木得到資助，子水對寅木捨得付出。

遇卯兔 危言聳聽：子鼠屬寒冬之水，卯兔屬春天之蓬勃之氣，子水為言語，寒水傷了卯木，言語傷了卯兔，危言聳聽。

遇辰龍 投懷送抱：子鼠屬水，辰龍為庫、為低窪之處，水流入庫，心甘情願的投懷送抱。

遇巳蛇 反覆不定：子鼠屬水，而巳蛇代表太陽火的情性，子水讓巳火的光芒短暫消失，陰晴不定、反覆不定之態。

子鼠對應十二生肖地支簡介

子鼠對應十二生肖地支

遇午馬 財源廣進：子鼠屬水，午馬屬火，火為水的財星，子水遇午火，得財得利，財源廣進。

遇未羊 要言不煩：子鼠為水，水為言語，未羊屬乾燥的土，燥土吸寒水瞬間子水言語不見，講話簡潔有力，要言不煩

遇申猴 得天福蔭：子鼠為水，申猴為七月狂風，狂風帶來豐沛的雨量，讓子水增加，如同得天之福蔭。

遇酉雞 宅男宅女：子鼠屬水，酉雞屬秋天之氣，也為沼澤，有如裝水的水庫，子水入酉澤，一進去不想在出來，如同宅男宅女之象。

遇戌狗 難逃魔手：子鼠為水，戌狗為燥土，土以水為財，燥土吸子水，子水受困，水難逃魔手。

遇亥豬 盡興而歡：子鼠屬水，亥豬也同屬水，子為靜、亥為動，子水入亥水，兩者共同尋找人生樂趣，盡興而歡。

丑牛對應十二生肖地支

遇子鼠 只進不出：丑牛為寒冬之高山土，遇子鼠之水為財星，子水被丑牛凍結，丑牛只進不出。

遇丑牛 冰天雪地：丑牛為十二月的寒冬，遇到也代表十二月寒冬的丑牛之氣，有如冰天雪地。

遇寅虎 得天獨厚：丑牛為十二月極寒之季，遇寅虎春季猶寒之木，丑土以寅木為官星，以官來合到丑土之上，丑牛得天獨厚得到官星。

遇卯兔 輕而易舉：丑牛為十二月極寒之季，遇到卯兔，屬春天之花草，丑土以木為官星，但卯兔遇寒土之氣會受傷，丑牛輕而易舉得到官星。

遇辰龍 冰消瓦解：丑牛為十二月寒凍的高山，遇辰龍為春天五陽之氣，陽土融化丑牛之冰天雪地，讓丑牛冰消瓦解。

遇巳蛇 雪中送炭：丑牛為結滿霜雪的十二月，遇巳蛇為四月的太陽火，太陽照射在寒冰之上，如同雪中送炭。

丑牛對應十二生肖地支

遇午馬 冰消凍釋：丑牛為結滿霜雪寒凍的高山，遇午馬為炎熱的夏天，午火融化丑土的霜雪，讓丑土冰消凍釋。

遇未羊 思想兩極：丑牛為結滿霜雪寒凍的高山，遇未羊為極炎熱的夏天，丑牛低溫、未羊高溫，一高一低形成兩人思想兩極。

遇申猴 擋人財路：丑牛屬寒凍的高山之土，申猴為秋天肅殺之氣的強風，申猴以木為財，狂風會將木連根拔起，丑牛高山擋了申猴的財路。

遇酉雞 秋收入庫：丑牛屬寒凍的高山冬天之氣，酉雞為秋天豐收之果實，果實收成，秋收入庫。

遇戌狗 凍結財務：丑牛屬寒冬的高山，冰天雪地，戌狗為秋天之高山，會製造水資源，土以水為財，丑牛凍結財務。

遇亥豬 離家出走：丑牛屬寒冬的高山之土，遇亥豬流動的水資源，亥豬從丑牛高山之處快速流出，如同離家出走。

61

寅虎對應十二生肖地支

遇子鼠 研究發展：寅虎為春天之木，子鼠為冬天寒冷之水，木以水為印星，印星代表學習、研究發展。

遇丑牛 根基穩固：寅虎為參天之木，其氣猶寒，不怕丑牛寒凍之高山，參天大樹喜歡在丑土之上，能根基穩固。

遇寅虎 兩強相爭：寅虎為春天開創之氣，積極主動，遇寅虎也為開創之氣，形成了兩強相爭。

遇卯兔 成長茁壯：寅虎春天參天之大木，卯兔為花草、樹葉、藤蔓，寅虎遇卯兔，象如成長茁壯。

遇辰龍 財力雄厚：寅虎為春天之木，辰龍為春天之土，木以土為財星，寅虎得到辰土財星，財力雄厚。

遇巳蛇 壓力重重：寅虎為寒春之木，遇巳蛇太陽火的普照，寅虎只長樹葉不長樹幹，巳讓寅脫穎而出，卻也造成寅虎壓力重重。

寅虎對應十二生肖地支

遇午馬 得天加持：寅虎為春天猶寒之木，午馬為夏天之能量溫度，寅木得到午火之能量成長，得天加持。

遇未羊 坐享其成：寅虎為春天之大木，未羊為夏季炎熱之土，木以土為財，寅虎在未土上坐享其成。

遇申猴 考試驗收：寅虎為春天之參天大木，申猴為秋天肅殺之氣，大樹到了秋天，接受申猴之考試驗收。

遇酉雞 果實豐收：寅虎為春天之大木，成長到秋天，遇酉雞收成之季，象如大樹木結滿果實，為果實豐收的象。

遇戌狗 穩定安逸：寅虎為春天之大木，戌狗為秋天肅殺之氣的高山之土，大木需要高山土，能穩定安逸之象。

遇亥豬 休息等待：寅虎為春天之木，亥豬為冬天寒冷之水，寒水生春木，木無法成長，反而受困等待，如同休息等待之象。

卯兔對應十二生肖地支

遇子鼠 寒窗苦讀：卯兔為春天之氣的花草、藤蔓，遇子鼠為寒冬之水，木以水為印星，印星代表學習，寒水生木，有寒窗苦讀之象。

遇丑牛 被情所困：卯兔為春天蓬勃而生之花草，丑牛為寒凍之土，木以土為財、為感情，卯木因丑土之感情反而受困無法成長，被情所困。

遇寅虎 目標明確：卯兔為春天之氣，代表花草、藤蔓，寅虎為大樹、指標性之物，卯木遇寅虎，得到目標往上成長，目標明確。

遇卯兔 人多口雜：卯兔為春天蓬勃而生的花草、藤蔓，遇卯兔，五行以木代表人，卯遇卯人口眾多，人多口雜之象。

遇辰龍 財利豐收：卯兔屬春天之木，辰龍代表春天之土，也為水庫，木以土為財，卯木遇辰土，財利豐收之象。

遇巳蛇 天時地利：卯兔為小花草、藤蔓，巳蛇為太陽夏天火之情形，小花草遇太陽，得天時地利之氣。

卯兔對應十二生肖地支

遇午馬 人緣桃花：卯兔為春天茂盛的花草，午馬為高溫的能量，兩者都屬人緣、人際旺盛之氣，有人緣桃花之稱。

遇未羊 私相授受：卯兔為春天茂盛的花草，未羊為良田土地，卯兔以未羊為財星、為感情，卯兔掌握了財，有私相授受的情形。

遇申猴 名揚天下：卯兔為春天之氣的花草、藤蔓，申猴為風、傳播之氣，申猴將卯兔名聲顯於外，名揚天下。

遇酉雞 功成身退：卯兔為春耕之物、花草，酉雞為秋收之果實，卯兔從春耕到秋收結成果實而功成身退。

遇戌狗 穩定成長：卯兔為春天之花草、小樹木，遇戌狗高山之土，卯兔在戌狗之土上，無法快速，但能慢慢穩定成長。

遇亥豬 家運不興：卯兔為春天茂盛蓬勃而生之木，亥豬為寒冬之水，木以水為印星為家庭，寒水生花草易受凍傷。有家運不興之象。

辰龍對應十二生肖地支

遇子鼠 不請自來：辰龍為春天之水庫，有收藏水的功能，子鼠為寒冬之水，子鼠之水入辰龍之庫，有不請自來之象。

遇丑牛 不堪其擾：辰龍為春天蓬勃而生之氣，丑牛為極寒之冬土，辰龍春氣遇丑牛之寒土，辰龍受凍傷，丑牛造成辰龍極大之壓力，不堪其擾。

遇寅虎 成就名旺：辰龍為春天之土也為水庫，寅虎為參天之大樹，辰龍以寅虎為官星，辰龍遇寅木，成就了名望之氣。

遇卯兔 快速繁衍：辰龍為春天蓬勃而生五陽之氣，卯兔也為春天之花草，辰龍遇到卯兔得到天時地利，而能快速繁衍。

遇辰龍 三心二意：辰龍為春天水庫之地，遇辰龍，兩者同屬性，同實力，水要入庫，易呈現三心二意之象。

遇巳蛇 水落石出：辰龍為先天之兌卦，為水庫之位，專收水資源，遇巳蛇太陽火之情性，此火能將水重新轉換，水落石出之象。

辰龍對應十二生肖地支

遇午馬 安逸享成：辰龍為水庫之位，專收水資源，水為辰龍之財星，午馬為能量、溫度，可為辰龍之印星，印為安逸之象，又遇財，安逸享成之象。

遇未羊 環境變遷：辰龍為春天之氣，為開創之環境，未羊為夏天之燥土，為一種熱鬧活躍之環境，辰龍變為未羊，有如環境變遷之象。

遇申猴 受人擁護：辰龍為春天之水庫兌卦之位，申猴為疾速之風，風帶來豐沛雨量入水庫，辰龍受到申猴擁護之象。

遇酉雞 豐收享成：辰龍為春天耕種之氣，酉雞為秋天收成之季，辰龍春天播種到酉雞秋天收成，豐收享成之象。

遇戌狗 高低落差：辰龍為低陷之水庫，專收水資源，戌狗為高山，專收服太陽，一高一低，形成極大的高低落差之象。

遇亥豬 神鬼入侵：辰龍為春天之氣，為低陷之水庫，亥水為主動侵伐之冬水，水為暗為鬼，其性會破壞辰龍之氣，有如神鬼入侵之象。

巳蛇對應十二生肖地支

遇子鼠 事業心重：巳蛇為夏天之太陽火，子鼠屬水，火以水為官星、事業，所以巳蛇遇子鼠事業心重。

遇丑牛 給人信心：巳蛇為夏天太陽火的情性，丑牛為寒冬冰寒之土，巳蛇的太陽火照射在丑牛上，給丑牛之人信心、希望。

遇寅虎 充分授權：巳蛇為夏天太陽之火，寅虎為春天之木，太陽給予寅虎之木無限的能量，蓬勃而生，寅虎如同得到巳蛇充分受權。

遇卯兔 育木有功：巳蛇為夏天太陽之火，卯兔為春天蓬勃而生之花草，太陽孕育花草成長，育木有功。

遇辰龍 勞碌奔波：巳蛇為夏天太陽高掛，辰龍為水庫、深淵，巳蛇之火照射在深淵，永遠無法滿足辰龍，讓巳蛇勞碌奔波之象。

遇巳蛇 兩強相爭：巳蛇為夏天太陽之火，遇巳蛇太陽高照，巳蛇遇巳蛇如同兩個實力相同的人，兩強相爭之象。

巳蛇對應十二生肖地支

遇午馬　火上加油：巳蛇為夏天炎熱的太陽，遇到午馬高溫之能量，巳蛇加午馬之高能量，有如火上加油之象。

遇未羊　普照大地：巳蛇為夏天之太陽火，未羊為平原、良田、土地，太陽照射在未羊，普照大地、萬物生成。

遇申猴　御駕親征：巳蛇為夏天之太陽，也如同皇帝出巡，申猴為執行命令者，象如皇帝御駕親征之象。

遇酉雞　為情所困：巳蛇為太陽之火，酉雞為秋收之物，火以酉雞為財、為感情，巳蛇遇酉雞，為情所困之象。

遇戌狗　功成身退：巳蛇為夏天奔波勞碌之太陽，戌狗為下午 7:00~9:00 太陽下山之時分，巳蛇遇戌狗，太陽功成身退之象。

遇亥豬　暗無天日：巳蛇為白天 9:00~11:00 的情性，亥豬為晚上 9:00~11:00 的情性，巳蛇太陽遇亥豬，暗無天日之象。

午馬對應十二生肖地支

遇子鼠 充分授權：午馬為夏天之溫度，熱情賦予大地能量，子水屬冬天之水，代表智慧，午馬充分授權給子鼠，展現魅力。

遇丑牛 舞台魅力：午馬為夏天之溫度、能量，丑牛為寒冰之土，午馬熱情照射在丑牛身上，展現無限的舞台魅力。

遇寅虎 育木有功：午馬為能量、溫度、磁場，寅木為參天之寒木，午馬的能量讓寅虎之木得到成長，午馬育木有功。

遇卯兔 安逸享成：午馬為高溫的能量，卯兔為蓬勃而生的花草，午馬的能量造就卯兔成長，午馬可得卯兔之印，可讓午馬安逸享成。

遇辰龍 自我設限：午馬為高溫之火、溫度、磁場，辰龍為深淵之水庫，午馬遇辰龍，能量一直付出，讓午馬自我設限。

遇巳蛇 信心十足：午馬為高溫之火、磁場，午馬之火來自於巳蛇的太陽火，巳蛇造就午馬，使午馬信心十足。

午馬對應十二生肖地支

遇午馬 多頭馬車：午馬為高溫之火、磁場，遇午馬也同屬性，兩股相同的氣勢無法達到和協，有如多頭馬車之象。

遇未羊 合力開創：午馬為夏天之高溫、能量，未羊為平原、土地、良田，良田土地遇能量，可生成花草樹木，有合力開創之象。

遇申猴 辛苦有成：午馬為夏天之溫度、磁場，申猴為狂風秋天之金，午馬以申猴為財，兩者的氣都屬勞動之氣，辛苦得到成果之象。

遇酉雞 人際財祿：午馬為夏天之火、磁場、能量，酉雞屬金，火以金為財，又子鼠、卯兔、午馬、酉雞都屬於人緣、人際之氣，故有人際財祿之象。

遇戌狗 退居幕後：午馬為夏天高溫之火，有如太陽之情性，戌狗為秋天收斂之氣，午馬遇戌狗，能量被收藏，有退居幕後之象。

遇亥豬 家大業大：午馬熱情、活躍，屬火之情性，亥豬為冬天之水，火以水為事業，高溫遇大水，家大業大之象。

未羊對應十二生肖地支簡介

遇子鼠 化明為暗：未羊為夏天之土，其性明亮也為下午 1:00~3:00，子鼠為晚上之 11:00 至凌晨 1:00，未羊變為子鼠，化名為暗之象。

遇丑牛 休息充電：未羊屬高溫之土，其能量一直在付出，丑牛為冬天寒凍收藏之土，未遇丑，由動轉為靜，有休息充電之象。

遇寅虎 一枝獨秀：未羊為夏天之土，寅虎為春之參天大樹，未土以寅虎之木為官星、事業，未遇寅，突顯一枝獨秀之象。

遇卯兔 連鎖超商：未羊為夏天之良田、土地，卯兔屬春天之木，土以木為事業，卯木在未羊之上能快速繁衍，有如連鎖超商之象。

遇辰龍 繁華榮景：未羊為炎熱之六月天，溫度高，辰龍為季春的三月，溫度柔和，從高溫到柔和之溫度，有如來到繁華榮景之地。

遇巳蛇 得天加持：未羊為平原、良田、土地，巳蛇為太陽之能量，巳蛇普照大地，讓未羊得到巳蛇給予的能量，如同得天之加持。

未羊對應十二生肖地支

遇午馬 努力活耀：未羊為良田、土地、平原，午馬為高溫、磁場，此午馬之能量磁場能讓未羊更努力活躍的生成甲、乙木及寅、卯木。

遇未羊 兄弟爬山：未羊為高溫之土，遇到未羊也同屬之，土與土稱之比劫、兄弟，土以水為財，此象如同兄弟爬山，各自努力去吸取水財星。

遇申猴 新聞頭條：未羊為夏天之良田、土地，其性不動，申猴為7月的風、傳播之氣，未羊透過申猴的傳播之氣拓展名氣，有如新聞頭條。

遇酉雞 犒賞享福：未羊為夏天高溫之土，一直努力付出，酉雞為秋收之果實，此象如同在努力耕耘後所得到甜美果實、犒賞享福之象。

遇戌狗 財從天降：未羊為高溫、平地、良田，戌狗屬高山，高山會產生水資源，水為未羊之財星，財從天降之象。

遇亥豬 因財惹禍：未羊為高溫之良田、土地，亥豬為寒冬之水，也為鹹水，此水無法讓未羊得到好處，反而是受傷，未以水為財，因財惹禍之象。

申猴對應十二生肖地支

遇子鼠　心甘情願：申猴為七月的強風，強風會引起大雨產生水資源，子鼠為水，申猴心甘情願為子鼠付出。

遇丑牛　思考周詳：申猴為立秋之季的狂風，行事積極不經思考，丑牛為寒冬之高山，為申猴的印星，申猴會因丑牛而有周詳的思考、計劃。

遇寅虎　勢如破竹：申猴為七月的狂風，其性直接、積極主動，寅虎屬木，狂風遇木，勢如破竹使寅木受傷。

遇卯兔　感情牽絆：申猴為七月的強風，猶如大將軍，卯兔為柔和之花草，申以卯木為財、感情，將軍遇感情之牽絆。

遇辰龍　全力以赴：申猴為立秋之季的狂風，辰龍為低陷的水庫，申猴全力以赴颳起狂風引來大雨，而水入辰庫。

遇巳蛇　欽點加持：申猴為執行力旺盛的大將軍，巳蛇為指標性的太陽，如同主帥、皇帝，申遇巳，申得到欽點加持。

遇午馬 勞心勞力：申猴為七月的狂風，主動積極，午馬為高溫，高溫一直驅動強風，讓申猴勞心勞力的奔波勞碌。

遇未羊 傳播資訊：申猴為立秋之季，也屬傳播之氣，未羊為平原、土地、良田，申遇未，其象如同申猴在未羊之上傳播資訊。

遇申猴 雙颱效應：申猴為立秋之季的狂風遇同屬性的申猴，有如雙颱效應，風雨大作，草木傷痕累累之象。

遇酉雞 漸入佳境：申猴為執行力強的大將軍，也為未成熟的果實，酉雞為成熟的果實，由未成熟的果實變成甜美果實，漸入佳境之象。

遇戌狗 休息睡覺：申猴為狂風、為有魄力的執行者，戌狗為高山、為申猴之印星，高山阻礙強風，有如回家休息睡覺。

遇亥豬 狂風暴雨：申猴立秋之季的狂風，亥豬為立冬之季的水，申遇亥，如同狂風加暴雨，易引起土石流的象。

酉雞對應十二生肖地支

遇子鼠 佳人美酒：酉為八月成熟的果實，子鼠為十一月的冬水，成熟果實變為水，有如果實發酵，佳人美酒之象。

遇丑牛 投懷送抱：酉為八月成熟的果實，丑牛為十二月冰凍之山，甜美果實入冰凍之山，有如投懷送抱之象。

遇寅虎 豐收得用：酉為雲霧，也為八月成熟的果實，寅虎為參天之大樹木，酉雞遇到寅虎之大樹，變成有價值性的果實，豐收得用之象。

遇卯兔 現學現賣：酉為雲霧，也為八月成熟的果實，卯兔為小花草、藤蔓、瓜類的植物，有速成之象，酉遇卯如同耕耘收成果實，有如現學現賣之象。

遇辰龍 狡兔三窟：酉雞為秋天之季也為後天的兌卦、沼澤之地，辰龍為先天兌卦之水庫，兩者都可引入水資源，如狡兔有三窟之象。

遇巳蛇 魅力迷人：酉雞為秋天之氣屬金，巳蛇為夏天之太陽屬火，火以金為感情、財星，酉雞因巳蛇更具魅力迷人。

遇午馬 事業責任：酉雞為秋收之果實，其氣屬金，午馬為夏天之氣，屬火的情性，金雞以午火為官星，官為事業責任。

遇未羊 家庭壓力：酉雞為秋收之果實，其氣屬金，未羊為高溫之良田、土地，果實遇高溫易損傷，酉金以未土為印星，酉雞承受了家庭壓力。

遇申猴 龍捲強風：酉雞為秋收之果實，其氣屬金，申猴為秋天之狂風，成熟之果實怕遇申猴的龍捲強風，果實瞬間毀損。

遇酉雞 自尋煩惱：酉雞為八月成熟的甜美果實，遇酉雞同屬性，猶如果實纍纍之象，有豐收的喜悅但也易自尋煩惱。

遇戌狗 遍地黃金：酉雞為八月成熟的甜美果實，戌狗為秋天的收斂之氣，酉雞遇戌狗成為滿載而歸之象，也如同遍地黃金之喜悅。

遇亥豬 醃製蜜餞：酉雞為八月成熟的甜美果實，亥豬為冬天主動侵伐的水，也為鹹水，其象如同果實醃製蜜餞之象。

戌狗對應十二生肖地支

遇子鼠　理財投資：戌狗為秋天高山之土，子鼠為冬天之水，戌狗之土以水為財，戌狗之財往外流，如同投資理財之象。

遇丑牛　定存財物：戌狗為秋天高山之土，丑牛為冬天冰寒之土，土以水為財，戌狗之高山產生水資源被丑凍結，如同定存財物之象。

遇寅虎　事業有成：戌狗為秋天高山之土，寅虎為寒春之木，戌狗以寅虎為事業，寅木屹立不搖於高山上，事業有成之象。

遇卯兔　掌控自如：戌狗為秋天高山之土，卯兔為春天花草、藤蔓，戌狗以卯兔為事業，卯兔之花草難扎根於戌狗，戌狗對於這事業掌控自如。

遇辰龍　雲霄飛車：戌狗為秋天高山之土，辰龍為低陷的水庫，一高山一低陷之水庫高低落差大，有如坐雲霄飛車的感受。

遇巳蛇　資政顧問：戌狗為秋天收斂之氣，專收太陽及火的能量，巳為太陽為知名人物卻要謙卑請益戌狗，戌狗如同為巳蛇的資政顧問。

戌狗對應十二生肖地支簡介

戌狗對應十二生肖地支

遇午馬 投資房產：戌狗為秋天收斂之氣，午馬為火的能量，戌狗以午馬為印星、房產、土地，午馬投入戌狗，有如投資房產土地。

遇未羊 土地開發：戌狗為高山之土，也代表未開發的土地，未羊為平地、良田，從戌狗未開發變為良田，如同土地開發之象。

遇申猴 軍師幕僚：戌狗其氣收斂、執著，難以改變，申猴為秋天狂風、將軍、行動者，其象如同申猴行動之前請益戌狗，戌狗成為申猴的軍師幕僚。

遇酉雞 佈施財物：戌狗為秋天高山之土，酉雞為秋天成熟之果實，戌狗遇酉雞之果實為損失剝落之象，有如戌狗對外佈施財物之象。

遇戌狗 印鈔機器：戌狗為秋天高山之土，可產生豐沛的水資源，水為戌狗的財，又遇戌狗產生豐沛之水，有如高速的印鈔機器。

遇亥豬 離家出走：戌狗為秋天高山之土，亥豬為流動的水，亥豬的水從戌狗高山快速流出，如同亥豬離家出走之象。

79

亥豬對應十二生肖地支

遇子鼠 招兵買馬：亥為冬天之水，其氣寒，子水也為冬天之水其性主靜，亥豬之水加上子鼠之水，水加水如同招兵買馬之象。

遇丑牛 三思後行：亥豬為冬天流動侵伐之水，積極主動，丑牛屬寒凍之高山土，亥水止於丑土，如同經思考後再出發，三思而後行。

遇寅虎 罪魁禍首：亥豬為寒冬之水，有侵伐的情性，寅虎為寒春之木，大水困木而非水生木，無法讓木成長，罪魁禍首在於亥豬。

遇卯兔 才華洋溢：亥豬為寒冬之水，積極主動，卯兔為春天之花草、藤蔓，亥豬以卯兔為食傷之氣，才華洋溢之表現，但反讓卯兔受限。

遇辰龍 自我設限：亥豬為寒冬之水，積極主動，辰龍為春天之水庫，水庫會收藏水資源，亥豬之水入辰龍之庫，自我設限之象。

遇巳蛇 重見光明：亥豬為寒冬之水，也為晚上 9:00~11:00 之情性，巳蛇為夏天之太陽，為早上 9:00~11:00，由亥豬晚上變為白天巳蛇，亥豬重見了光明。

亥豬對應十二生肖地支

遇午馬 理財高手：亥豬為寒冬之水，積極主動，午馬為夏天之火、能量、溫度，亥豬以午馬為財，成為最好的理財高手。

遇未羊 行兵作戰：亥豬為冬天流動侵伐之水，積極主動，未羊為良田、土地、平原，亥豬之水侵伐未羊之土，有如行兵作戰之象。

遇申猴 暗無天日：亥豬為冬天流動侵伐之水，積極主動，申猴為七月的狂風，亥豬加申猴，暴雨加狂風，暗無天日之象。

遇酉雞 不安於室：亥豬為冬天流動侵伐之水，積極主動，酉雞為後天之兌卦、沼澤，亥豬想進入酉雞之沼澤，但亥豬又會破壞酉雞，有不安於室之象。

遇戌狗 努力不懈：亥豬為冬天流動侵伐之水，積極主動，戌狗為高山之土，亥豬想力爭上游、努力不懈往戌狗高山爬升。

遇亥豬 風雲變色：亥豬為冬天流動侵伐之水，積極主動，遇亥豬之同屬性，亥水遇亥水，風雲變色、日月無光之象。

二十四山圖表：

十二地支生肖五行陰陽圖表：

生肖占卜篇下集十二大項目
應用查詢

1. 工作事業：
2. 機會運勢：
3. 婚姻感情：
4. 金錢財運：
5. 出行旅遊：
6. 官司訴訟：

7. 身體健康：
8. 求職異動：
9. 人際關係：
10. 交易買賣：
11. 貴人方位：
12. 失物找尋：

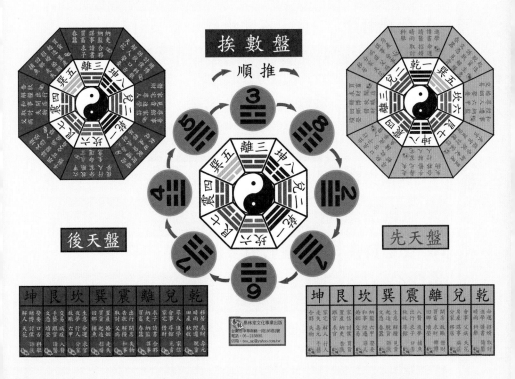

子鼠對子鼠　知己相逢

1. 工作事業	熟悉的、喜歡的，能順心
2. 機會運勢	可以掌握。機會佳
3. 婚姻感情	沒有進展、感情不錯，個性雷同
4. 金錢財運	不佳，不宜投資，易損財
5. 出行旅遊	可快樂出遊平安回家
6. 官司訴訟	旗鼓相當。會拖延
7. 身體健康	水氣過旺。防心臟血液循環之疾
8. 求職異動	保持現況不用改變
9. 人際關係	知己相逢，心得分享
10. 交易買賣	沒有獲利的空間
11. 貴人方位	東南南之方位
12. 失物找尋	在水邊、洗手台、浴室內

子鼠對丑牛　相敬如冰

1. 工作事業	相當投入，以工作為家	
2. 機會運勢	無法獲得進展，阻塞不通	
3. 婚姻感情	相敬如賓，一板一眼	
4. 金錢財運	週轉不靈，宜找午馬解決	
5. 出行旅遊	受限、塞車，無法快樂	
6. 官司訴訟	糾纏不清，沒有進展	
7. 身體健康	阻塞不通。得到控制。增生腫瘤	
8. 求職異動	無法改變，不會升官	
9. 人際關係	太過於保守、自閉症	
10. 交易買賣	受限。無法獲利	
11. 貴人方位	正南方，可化解一切阻礙	
12. 失物找尋	被壓在床鋪底下	

子鼠對寅虎 捨得付出

子鼠對寅虎 捨得付出	
1. 工作事業	主動付出，穩定發展中
2. 機會運勢	外出可獲得佳運
3. 婚姻感情	很在意對方。對方反應慢半拍
4. 金錢財運	還算不錯，慢慢進帳中
5. 出行旅遊	可開心快樂出遊，平安回家
6. 官司訴訟	付出、拖延，最好不要提告
7. 身體健康	運動可改善、建議爬山、散步
8. 求職異動	可找到理想工作
9. 人際關係	有好的進展
10. 交易買賣	微利的時代來臨
11. 貴人方位	東南南之方位
12. 失物找尋	傢俱旁，書本壓住

子鼠對卯兔　危言聳聽

1. 工作事業	在成長中，有好的進展
2. 機會運勢	有舞台。可完美演出
3. 婚姻感情	相當投入，不可緊迫盯人
4. 金錢財運	週轉活絡
5. 出行旅遊	順利快樂。防口舌是非
6. 官司訴訟	有理勝訴
7. 身體健康	手腳冰冷，運動可改善
8. 求職異動	有好的機會，防直言快語
9. 人際關係	不要太過於直接。多用甜言蜜語
10. 交易買賣	可獲得利益，但先不要主動出招
11. 貴人方位	東南南之方位
12. 失物找尋	無法找回了

子鼠對辰龍　　投懷送抱	
1. 工作事業	有好的工作環境，而且相當投入
2. 機會運勢	不要改變，容易受限
3. 婚姻感情	感情黏蜜，主動投懷送抱
4. 金錢財運	受困無法週轉
5. 出行旅遊	氣候不佳，不宜外出
6. 官司訴訟	執意進行會有牢獄之災
7. 身體健康	腎臟引發不良於行
8. 求職異動	無法改變，以靜觀動。動了易受限
9. 人際關係	能遇大的團體，主動參與活動
10. 交易買賣	先做好市調在出擊
11. 貴人方位	東南南之方位
12. 失物找尋	遺落在低陷之處，火旺之日可找回

子鼠對巳蛇　反覆不定

1. 工作事業	蒸蒸日上，重見機會
2. 機會運勢	機會來臨，不要放棄
3. 婚姻感情	感情獲得證實，但兩人忽晴忽雨
4. 金錢財運	機會已出現，好好把握
5. 出行旅遊	快樂活躍，收獲豐盛
6. 官司訴訟	真相大白，水落石出
7. 身體健康	找到病因，宜快速診治
8. 求職異動	改變了會更好，趕快行動
9. 人際關係	忽晴忽雨、反覆不定
10. 交易買賣	利潤可觀，馬上下訂
11. 貴人方位	正東方之方位
12. 失物找尋	不見了，不用浪費時間

子鼠對巳蛇 反覆不定

89

子鼠對午馬　財源廣進

1.工作事業	目標明顯，能快速發展
2.機會運勢	主動外出即能掌握機會
3.婚姻感情	不要給對方太大的壓力
4.金錢財運	水清石見。積極掌握，可快速得財
5.出行旅遊	衝突多，宜等待時機
6.官司訴訟	撥雲見日，扳回面子
7.身體健康	腎臟病、心臟病、眼病，直往東方診治
8.求職異動	機會不錯，趕快行動，好好把握
9.人際關係	水火不容，宜低調行事，防爭辯
10.交易買賣	可獲得暴利，馬上下訂單
11.貴人方位	西南西之方位
12.失物找尋	難尋。往電腦旁、火爐旁找找

子鼠對未羊 要言不煩

1. 工作事業	受限。壓力重重，無法順心
2. 機會運勢	無法掌握，有志難伸
3. 婚姻感情	矛盾衝突、難溝通
4. 金錢財運	週轉不靈，宜找申猴協助解決
5. 出行旅遊	宜放棄行程，不宜外出
6. 官司訴訟	敗訴。小人設計，無法勝訴
7. 身體健康	有增生之瘜肉。宜儘快去除
8. 求職異動	以不動為妙。保持現況
9. 人際關係	不可有利益往來，身陷其害
10. 交易買賣	小心交易。防詐騙行為發生
11. 貴人方位	西南西之方位
12. 失物找尋	無法找回，另行購買

子鼠對申猴　得天福蔭

1. 工作事業	喜從天降、蓬勃發展
2. 機會運勢	得天福蔭、春風迎人
3. 婚姻感情	時機已到、長輩加持
4. 金錢財運	把握機會，在房地產發展大的財力
5. 出行旅遊	外出吉祥，會遇風雨，但不受影響
6. 官司訴訟	得貴人之助，獲勝訴
7. 身體健康	防動之太過，宜休息
8. 求職異動	動了可得到甜蜜的負擔
9. 人際關係	可得到朋友助力，有好的結果
10. 交易買賣	忙碌可成，獲利好
11. 貴人方位	正南、東南南之方位
12. 失物找尋	在鐵櫃內，沒有遺失

子鼠對酉雞　宅男宅女

1. 工作事業	機會好，而且相當投入
2. 機會運勢	受限，無法發揮
3. 婚姻感情	有好的歸宿，全心投入
4. 金錢財運	週轉有問題，不要收票據，易無法兌現
5. 出行旅遊	遇有臨時狀況，延後再做決定
6. 官司訴訟	敗訴、受限、牢獄之災
7. 身體健康	不良於行。腎臟發炎
8. 求職異動	不可改變，保持現況
9. 人際關係	宅男宅女，宜往外多參與戶外活動
10. 交易買賣	吃虧受限，無法獲利
11. 貴人方位	東南南之方位
12. 失物找尋	在櫃子內或鐵櫃文書旁

子鼠對戌狗　難逃魔手

1. 工作事業	相當積極投入而且穩定
2. 機會運勢	阻礙受限很多，無法展現
3. 婚姻感情	雖然有阻礙但感情黏蜜
4. 金錢財運	不佳，壓力大在初期有利後來受限
5. 出行旅遊	途中有所阻礙，小心跌傷
6. 官司訴訟	有波折、受限，宜和解
7. 身體健康	結石、腫瘤，小心防範
8. 求職異動	無法動彈、受限多，三思而後行
9. 人際關係	障礙多，自尋煩惱
10. 交易買賣	無法議價，不公平
11. 貴人方位	西南西之方位
12. 失物找尋	無法找回了，在高凸之處遺失

子鼠對亥豬　盡興而歡

1.	**工作事業**	可在熟悉的領域中快樂的發展
2.	**機會運勢**	相當投入，自由自在
3.	**婚姻感情**	可得到真誠的對待
4.	**金錢財運**	不可投資，一去不回
5.	**出行旅遊**	盡興而歡，快樂出遊
6.	**官司訴訟**	無法勝訴。和解為宜
7.	**身體健康**	意外、腎臟、心臟之症，往東南方診治
8.	**求職異動**	同流合污，不動為妙
9.	**人際關係**	酒肉朋友之互動
10.	**交易買賣**	沒有利潤，宜等待機會，免吃虧
11.	**貴人方位**	東南南、正南之方位
12.	**失物找尋**	無法找回。在車水馬龍、水邊遺失

丑牛對子鼠　只進不出	
1. 工作事業	掌控自如，機會多
2. 機會運勢	順遂、守成，雖能掌握，但自我設限太多
3. 婚姻感情	黏蜜，沒有進展
4. 金錢財運	財從天降，只進不出
5. 出行旅遊	雜事多，無法有自由之身
6. 官司訴訟	雖然有利，但拖延過久還是和解好
7. 身體健康	氣血虛弱、結石、行動受限
8. 求職異動	無法變動，保持現況就好
9. 人際關係	保守，互動少。宜熱情主動，懂得付出
10. 交易買賣	獲利可觀，有滿意的結果
11. 貴人方位	東北東之方位
12. 失物找尋	沒有遺失，放在自己口袋

丑牛對丑牛　冰天雷地

1. 工作事業	沒有進展，與現況同
2. 機會運勢	無法突破，可透過午馬或未羊之人即可改變
3. 婚姻感情	相敬如冰，可透過午馬或未羊之人即可改善
4. 金錢財運	凍結，績效不佳
5. 出行旅遊	找到目的地，可盡情享樂
6. 官司訴訟	宜和解。沒有突破
7. 身體健康	筋骨痛、長瘜肉
8. 求職異動	改變沒有用
9. 人際關係	知己相逢，但互動被動，無法活躍
10. 交易買賣	利潤微薄，物品稀有
11. 貴人方位	西南南、正南之方位
12. 失物找尋	放在原地，沒有遺失

太乙

丑牛對寅虎　得天獨厚

丑牛對寅虎　得天獨厚	
1. 工作事業	穩定成長、得天獨厚
2. 機會運勢	目標明顯，能在掌握當中，穩定發展
3. 婚姻感情	穩定、黏蜜，有好的結果
4. 金錢財運	機會主動而來，愈來愈旺
5. 出行旅遊	心曠神怡、快樂自在
6. 官司訴訟	官司纏身，宜小心防範
7. 身體健康	有增生物，慢慢在長成
8. 求職異動	變動之後可得到好的機會
9. 人際關係	主動付出，更得到好的結果
10. 交易買賣	一枝獨秀，銷售一空
11. 貴人方位	正南之方位
12. 失物找尋	放在木櫃裡。被書壓住

丑牛對卯兔　輕而易舉	
1. 工作事業	太過有自信，反弄巧成拙，宜學習專業
2. 機會運勢	慢慢脫離阻礙
3. 婚姻感情	吃快弄破碗
4. 金錢財運	景氣不好，不如以前
5. 出行旅遊	易惹事生非，宜延期出發
6. 官司訴訟	旗開得勝，信心十足
7. 身體健康	筋肉萎縮，肝臟機能受損
8. 求職異動	動了雖較輕鬆，但還是不動好
9. 人際關係	太過直接，易傷到和氣
10. 交易買賣	多留給別人生存的空間，以合為貴
11. 貴人方位	東南南之方位
12. 失物找尋	已破損，找回沒有用了

丑牛對辰龍　冰消瓦解	
1. 工作事業	穩定成長，脫離寒冬
2. 機會運勢	外在機會佳，宜全心投入
3. 婚姻感情	不要給對方太大的約束
4. 金錢財運	不宜投資，保守為宜
5. 出行旅遊	容易延期回來
6. 官司訴訟	無法掌握，兩敗俱傷，和解為佳
7. 身體健康	往東南南或南之方位，可找到對的醫生
8. 求職異動	動了責任變大，但更有進步空間
9. 人際關係	多往團體互動，能獲得更多
10. 交易買賣	能互惠，雙雙得利
11. 貴人方位	東南南之方位
12. 失物找尋	被人撿走帶回家了

丑牛對巳蛇　雪中送炭	
1.工作事業	外來一道曙光，如同雪中送炭
2.機會運勢	重見光明，學習得到成長
3.婚姻感情	逐漸在加溫當中，積極可成
4.金錢財運	機會到來，加以掌握
5.出行旅遊	盡興歡樂而歸
6.官司訴訟	重見光明，獲得勝訴
7.身體健康	沒有事，多休息就好了
8.求職異動	變動後能學習到專業知識
9.人際關係	有好的進展，獲得智慧
10.交易買賣	雙方公平，盡興而歸
11.貴人方位	西南西之方位
12.失物找尋	放在明亮麗之處，沒有丟掉

丑牛對午馬　冰消凍釋

	丑牛對午馬　冰消凍釋
1. 工作事業	改變方式，更具前瞻性
2. 機會運勢	一直在進步當中，更有自信
3. 婚姻感情	甜言蜜語，可溶化冰山美人
4. 金錢財運	血本無歸，保守為宜
5. 出行旅遊	旅程有變數，不要出發為妙
6. 官司訴訟	不利。宜和解為佳
7. 身體健康	腎臟功能受傷，宜往東北東診治
8. 求職異動	改變不利，衝突多，宜維持現況
9. 人際關係	身心疲憊，吃力不討好，無法有好的進展
10. 交易買賣	不平等待遇，掃興而反
11. 貴人方位	東北東之方位
12. 失物找尋	不見了，失物難尋

丑牛對未羊　　思想兩極	
1.工作事業	改變舊有的方式，一直在蓬勃發展中
2.機會運勢	願意改變，才能有好的機會
3.婚姻感情	思想落差極大，沒有好結果
4.金錢財運	損財之象，投資一去不回
5.出行旅遊	不宜出遠門，小心意外災害
6.官司訴訟	對方強勢主導，宜和解
7.身體健康	腎臟之疾，宜儘快就醫，往東北東診治
8.求職異動	異動更有前瞻性，馬上行動
9.人際關係	喜歡參與互動，人際互動變好了
10.交易買賣	無法順利交易，而且財損。宜等待
11.貴人方位	東北東之方位
12.失物找尋	體無完膚，無法找回

丑牛對申猴　擋人財路	
1.工作事業	心無旁騖，全力以赴
2.機會運勢	願意走出，才能風行天下。保守會自我受限
3.婚姻感情	給另一半空間，也等於給自己空間
4.金錢財運	機會多，積極可成
5.出行旅遊	快樂平安，防太過大意
6.官司訴訟	旗開得勝，防大意失荊州
7.身體健康	運動即可改善
8.求職異動	動者有喜，更有發展空間
9.人際關係	魅力無窮，能拓展人脈，獲得成功
10.交易買賣	獲利佳，能速戰速決
11.貴人方位	正北之方位
12.失物找尋	遺失在外面，無法找回

丑牛對酉雞　秋收入庫	
1. 工作事業	心想事成，一切在掌握中
2. 機會運勢	雖有好的收成，但自我設限太多
3. 婚姻感情	甜蜜的負擔，有好的結果
4. 金錢財運	豐收入庫，大有展獲
5. 出行旅遊	如果無法放鬆心情出遊，不如在家休息
6. 官司訴訟	以和解為主軸，免糾纏過久
7. 身體健康	久病纏身，獲得控制
8. 求職異動	不要改變，即將豐收
9. 人際關係	人緣佳，且容易自我設限，多給自己機會
10. 交易買賣	不熱絡，但能得到目標
11. 貴人方位	東北東之方位
12. 失物找尋	放在鐵櫃內或冰箱旁，沒有遺失

丑牛對戌狗 凍結財務

丑牛對戌狗　凍結財務	
1.工作事業	改變環境，有好的思緒，但防財務流失
2.機會運勢	懂得改變，才能有好的機會
3.婚姻感情	無法有共同的理念，可以如何賺錢作為話題
4.金錢財運	財運佳，防投資，會失財
5.出行旅遊	讀萬卷書，不如行萬里路大有豐收
6.官司訴訟	有進展，但財損，以和為貴
7.身體健康	換個醫生，即能改善，對症下藥
8.求職異動	換個位置，換個頭腦，更會利用資源
9.人際關係	積極主動，改變思維，能有斬獲
10.交易買賣	被殺價，傷痕累累，有虧損
11.貴人方位	東北東之方位
12.失物找尋	被人撿走了，無法找回

丑牛對亥豬　離家出走

1.工作事業	事業版圖一直在增加	
2.機會運勢	主動參與、付出，會得到機會	
3.婚姻感情	機會來臨，卻無法掌握。很難瞭解對方	
4.金錢財運	唯有熱情、主動，即能掌握大財	
5.出行旅遊	能快樂出遊，陰天有雨	
6.官司訴訟	無法有效掌握，損財之象	
7.身體健康	頻尿症、結石，運動化解	
8.求職異動	改變可得到機會，財反增加	
9.人際關係	主動熱情，能拓展人脈，而得錢脈	
10.交易買賣	獲利佳，但難掌握	
11.貴人方位	東北東之方位	
12.失物找尋	水邊或車水馬龍之地。無法找回	

寅虎對子鼠　研究發展

1.工作事業	得天時，機會佳，宜掌握
2.機會運勢	好好的珍惜。努力積極更能得到福蔭
3.婚姻感情	對方會主動獻殷勤，宜熱情以對
4.金錢財運	機會好，財不佳，往西南南方可得財
5.出行旅遊	可得到知識，可出門快樂平安
6.官司訴訟	理由充足。可勝訴
7.身體健康	筋骨酸痛，運動可改善
8.求職異動	動者增加知識，但財減少
9.人際關係	多參與人際互動，可得智慧
10.交易買賣	順利成功，但利潤不佳
11.貴人方位	東南東或南之方位
12.失物找尋	放在木櫃內或書本內，沒有遺失

太乙

寅虎對丑牛　根基穩固

1. 工作事業	穩定成長，一切在計劃內行事
2. 機會運勢	天時地利，再好不過了
3. 婚姻感情	黏蜜、穩定，雖不浪漫但有好的結果
4. 金錢財運	財源廣進愈積極得財越大
5. 出行旅遊	平安、快樂，不大想回家
6. 官司訴訟	一切在預料之內，完全可掌控
7. 身體健康	穩定當中，調養順利
8. 求職異動	動不了。可穩定，不用異動
9. 人際關係	在穩定進步中
10. 交易買賣	一切都能順利，利潤可觀
11. 貴人方位	正南之方位
12. 失物找尋	重物壓住或在原地點沒有遺失

寅虎對寅虎　兩強相爭

1.工作事業	能在熟悉的領域中，求進步發展	
2.機會運勢	沒有變化，與現況相同，宜保握	
3.婚姻感情	兩個木頭，宜主動熱情，即能有結果	
4.金錢財運	沒有改變，與目前相同	
5.出行旅遊	與志同道合朋友出遊，平安、快樂	
6.官司訴訟	旗鼓相當，和解為上策	
7.身體健康	脊椎僵硬，運動、復健可改善	
8.求職異動	不用改變，沒有加分	
9.人際關係	人脈佳，人緣好	
10.交易買賣	競爭激烈，小心防範	
11.貴人方位	正南之方位	
12.失物找尋	在原地不動，沒有遺失	

寅虎對卯兔　成長茁壯

1. 工作事業	一直在進步當中，相當不錯
2. 機會運勢	天時、地利加人和，順遂如意
3. 婚姻感情	能讓對方有所寄託，最佳的組合
4. 金錢財運	順遂，財利一直在增進當中
5. 出行旅遊	天氣好、心情好、平安順利
6. 官司訴訟	一切在掌握掌中，勝訴
7. 身體健康	小病在康復中。大病無法掌握，宜快速求醫
8. 求職異動	改變了，更能名利雙收
9. 人際關係	收網期。人脈等於錢脈
10. 交易買賣	交易順利，利潤豐碩
11. 貴人方位	西南南之方位
12. 失物找尋	往東找，即可找到

寅虎對辰龍 財力雄厚

寅虎對辰龍　財力雄厚	
1.工作事業	一枝獨秀，鴻圖大展
2.機會運勢	機會好、運勢佳、財利豐收
3.婚姻感情	感情穩定發展，相當黏蜜
4.金錢財運	木旺財旺，能快速累積財富
5.出行旅遊	遊戲中獲得智慧、財富
6.官司訴訟	壓倒性的勝訴
7.身體健康	得到控制。胃腸不佳
8.求職異動	異動後能大顯才華，名利雙收
9.人際關係	人緣好，慷慨，能獲得好評
10.交易買賣	沒有競爭對手，大發利市
11.貴人方位	正南之方位
12.失物找尋	沒有遺失，在東南南方之木櫃內

寅虎對辰龍 財力雄厚

太乙

寅虎對巳蛇　　壓力重重	
1.工作事業	責任重大，小心經營，能有所成就
2.機會運勢	能量一直累積，得以重用
3.婚姻感情	甜蜜的負擔，穩定成長中
4.金錢財運	有好的財運，但責任壓力大
5.出行旅遊	無法放鬆心情，不如在家休息
6.官司訴訟	憊感壓力，還是和解好
7.身體健康	體力付出過多，宜多休息調養
8.求職異動	變動責任壓力大，留在原處能穩定成長
9.人際關係	與人互動是課題，宜多參與團體活動，會有好的收穫
10.交易買賣	過程不順，壓力大，總算雨過天晴
11.貴人方位	西南南之方位
12.失物找尋	東西太亂，無法找回

113

寅虎對午馬　得天加持

1.工作事業	蓬勃而生，進步成長
2.機會運勢	往外可得機會，美花豐收
3.婚姻感情	姻緣天註定，有好結果
4.金錢財運	豐收享成，得天之加持
5.出行旅遊	快樂出遊，滿載而歸
6.官司訴訟	真相大白，勝訴，獲得資金
7.身體健康	身體活躍，健康，多休息就好了
8.求職異動	變動後更能得到機會，宜趕快進行
9.人際關係	有好的人際關係與舞台魅力
10.交易買賣	能獲得利潤，順利進行
11.貴人方位	西南南之方位
12.失物找尋	往南尋找，即能找回或放在電腦旁

寅虎對未羊　坐享其成

1.工作事業	能在穩定中成長，機會好
2.機會運勢	運勢好，出外更能獲得
3.婚姻感情	黏蜜、互動佳有好的結果
4.金錢財運	豐收享成，宜把握努力
5.出行旅遊	如期出行，可獲得賓至如歸的感受
6.官司訴訟	一切都在計劃中，能得勝訴
7.身體健康	骨骼疏鬆症及腸胃之症，往南診治
8.求職異動	異動有好的機會，動者佳
9.人際關係	旺盛，有魅力，能得到好的友誼
10.交易買賣	成功。有利潤，還可以接受
11.貴人方位	正南之方位
12.失物找尋	在木櫃內，或西南南之方位，沒有遺失

寅虎對申猴　考試驗收	
1. 工作事業	面對考驗多，多學習可化解壓力
2. 機會運勢	不如以前，可透過專業學習，增加機會
3. 婚姻感情	宜透過溝通，用甜言蜜語代替爭執
4. 金錢財運	財運不佳，不可投機，保守、守成為要
5. 出行旅遊	不可外出，改期防意外發生
6. 官司訴訟	宜和解、低調，會敗訴
7. 身體健康	意外之災，手腳傷害。肝臟功能衰退
8. 求職異動	不可改變，變者有兇，宜低調行事
9. 人際關係	不喜歡與人互動，可用學習化解壓力
10. 交易買賣	受限、委屈，宜另擇期交易
11. 貴人方位	東南東之方位
12. 失物找尋	化為烏有，不用浪費時間了。找不到

寅虎對酉雞　果實豐收	
1.工作事業	滿載而歸，宜珍惜守成
2.機會運勢	運勢佳。果實豐收
3.婚姻感情	天作之合，宜好好珍惜
4.金錢財運	開花結果，收成最佳時刻
5.出行旅遊	可外出，順利。能獲得豐收
6.官司訴訟	得理勝訴，但時間會拖延
7.身體健康	頭痛、血壓高、肺病、腫瘤。宜往南方診治
8.求職異動	異動財利可得，獲得吉祥
9.人際關係	懂得付出，名利雙收
10.交易買賣	可得利潤豐收，但宜守舊業
11.貴人方位	正南之方位
12.失物找尋	東北東方圓柱旁或鐵櫃內

寅虎對戌狗　　穩定安逸	
1.工作事業	穩若泰山、安逸享成
2.機會運勢	有財有利，不可猶疑不決
3.婚姻感情	雖然不浪漫，但感情融洽
4.金錢財運	順利得財，營業順遂
5.出行旅遊	可如願外出，但會有停留、延誤行程
6.官司訴訟	一路堅持原本立場，可得勝訴
7.身體健康	胃腸之疾、肝膽發炎，宜往南方診治
8.求職異動	動者有喜，穩定發展成功
9.人際關係	宜走入基層，更能獲得擁護
10.交易買賣	功成名就，獲得財利
11.貴人方位	正南之方位
12.失物找尋	神位旁、窗戶旁尋之

寅虎對亥豬　休息等待

1. 工作事業	受困。無法有效發揮才能
2. 機會運勢	屯住。前進受阻。宜透過午馬之人解困
3. 婚姻感情	只戀愛不結婚，宜積極主動
4. 金錢財運	受阻。財運不佳，放置木雕馬可轉化
5. 出行旅遊	遇風雨則止，延後在出發
6. 官司訴訟	會拖延時間，無法勝訴。宜和解
7. 身體健康	風濕疼痛，手腳水腫，宜往南診治
8. 求職異動	積極主動可脫離受困。不宜變動
9. 人際關係	宅男、宅女。往外多走動，才能有好人際
10. 交易買賣	屯住。交易不成。宜等巳日或午日
11. 貴人方位	正南之方位
12. 失物找尋	受潮生霉，在西北方

卯兔對子鼠 寒窗苦讀

卯兔對子鼠　寒窗苦讀	
1.工作事業	機會不佳，宜往東南南之方位求貴人
2.機會運勢	宜往東南南之方位，學習充電
3.婚姻感情	對方給自己太多的期許，讓自己壓力重重
4.金錢財運	不如預期。宜往西南南之方位，可增加財運
5.出行旅遊	最好延後啟程，遇雨則止
6.官司訴訟	宜和解。不要訴訟，無法勝訴
7.身體健康	手腳受傷、冰寒。透過運動可改善
8.求職異動	宜守舊如意，不可謀大
9.人際關係	委屈受限，不喜歡互動
10.交易買賣	沒有利潤，無法獲利
11.貴人方位	東南南之方位
12.失物找尋	在家北方，但已受潮損傷

卯兔對丑牛　被情所困

1.工作事業	挫折困難多，往東南南方重見機會
2.機會運勢	勤能補拙，宜保守勿動，慎防官司
3.婚姻感情	主動熱情才能改變現況
4.金錢財運	往西南南之方求財，可補拙
5.出行旅遊	不可出行。有水火之災
6.官司訴訟	對方會翻供。以和解為妙
7.身體健康	肝病手腳受傷。往東南南方診治
8.求職異動	保守為宜，不要改變，得不償失
9.人際關係	有挫折、無大礙，主動熱情可改善
10.交易買賣	守株待兔，先等待機會免失誤
11.貴人方位	東南南或西南南之方位
12.失物找尋	已毀損，不用白費時間了

卯兔對寅虎　目標明確

1. 工作事業	貴人扶持，謙卑獲得成功
2. 機會運勢	誠意處事，目標明確
3. 婚姻感情	和合順利，大人加持
4. 金錢財運	順利有財利。宜謙卑行事
5. 出行旅遊	順利快樂，如願平安，巧遇熟人
6. 官司訴訟	得貴人扶助，得理勝訴
7. 身體健康	防動之超過，手腳跌傷
8. 求職異動	動者有喜，升遷機會來臨，宜保握
9. 人際關係	順泰。稱心如意，人脈旺盛
10. 交易買賣	目標明確，可得財利
11. 貴人方位	西南南之方位
12. 失物找尋	往東北東，即可獲得

卯兔對卯兔　人多口雜

1.工作事業	平順。堅定信心能再突破
2.機會運勢	沒有進展，等待時機到來
3.婚姻感情	有共同的觀念、想法，達到共識
4.金錢財運	雖然沒有進展，但還算平順
5.出行旅遊	可快樂出遊，平安順利
6.官司訴訟	沒有進展，以和解為佳
7.身體健康	肝膽之疾，宜就醫，並透過運動調理
8.求職異動	保持現況，不用改變，沒有加分
9.人際關係	互動佳、人際旺盛，有好的發展
10.交易買賣	理想、順利，可以接受
11.貴人方位	東南南之方位
12.失物找尋	在原地，沒有不見

太乙

卯兔對辰龍　財利豐收

1.工作事業	名利可得。一直在拓展中	
2.機會運勢	諸事順利如意。一直進步中	
3.婚姻感情	相輔相成，能坦誠對待	
4.金錢財運	一舉獲利，利市三倍	
5.出行旅遊	如願出行，快樂豐收	
6.官司訴訟	得理勝訴。宜低調謙卑	
7.身體健康	腰背酸痛、腎結石	
8.求職異動	動者有利。宜勿貪大、貪快	
9.人際關係	運勢佳。處事圓融	
10.交易買賣	豐收得財。秋有損	
11.貴人方位	東南南之方位	
12.失物找尋	木櫃內、盒子內	

卯兔對巳蛇　天時地利	
1. 工作事業	名利雙收，四通八達
2. 機會運勢	有財有利，可擴大，但勿貪大
3. 婚姻感情	一見鍾情。助力多。坦誠相處
4. 金錢財運	能快速得財，貴人扶助
5. 出行旅遊	晴空萬里。快樂平安
6. 官司訴訟	真相大白、水落石出
7. 身體健康	無法控制，宜速轉診。小病吉
8. 求職異動	動者安，安者名利雙收
9. 人際關係	天時、地利、人和。順利興旺
10. 交易買賣	心想事成。獲利高
11. 貴人方位	西南南之方位
12. 失物找尋	通道處，馬上可尋獲

卯兔對午馬　人緣桃花

1.工作事業	壓力大。堅定信心能突破難關	
2.機會運勢	利害混雜，主動熱情可化解壓力	
3.婚姻感情	魅力無窮。太要找完美，身陷壓力	
4.金錢財運	甜蜜負擔，總算收成	
5.出行旅遊	太過興奮，易弄巧成拙	
6.官司訴訟	敗訴。宜和解為妙	
7.身體健康	不可躁動。多休息、注意心血管	
8.求職異動	諸事宜守。不要被亮麗外表所騙	
9.人際關係	人緣佳、熱情，相當受歡迎	
10.交易買賣	可獲利。辛苦得財	
11.貴人方位	西南南之方位	
12.失物找尋	木器旁。宜速尋。太慢會找不回	

卯兔對午馬　人緣桃花

卯兔對未羊　私相授受	
1.工作事業	積極處事，名利雙收
2.機會運勢	堅持立場，稱心如意
3.婚姻感情	心意堅定，心想事成
4.金錢財運	快速得財，利大於名
5.出行旅遊	有吃有喝有得玩，快樂平安
6.官司訴訟	勝訴獲得財利。宜低調行事
7.身體健康	胃腸發炎、皮膚過乾燥。宜保濕
8.求職異動	動者名利雙收
9.人際關係	交友廣闊。較在意錢財
10.交易買賣	順利如願。利潤佳
11.貴人方位	東南南之方位
12.失物找尋	放在木櫃或書本壓住

卯兔對申猴　名揚天下	
1.工作事業	主動而來，受寵若驚
2.機會運勢	能應變得宜，順利如意
3.婚姻感情	千里姻緣一線牽。順利和合之氣
4.金錢財運	名氣遠播，財利豐收
5.出行旅遊	邊旅遊邊發展，得意洋洋
6.官司訴訟	牽絆過多，以和為貴。宜和解
7.身體健康	頭臉傷痕。小心無妄之災
8.求職異動	異動佳。宜保握良機
9.人際關係	名聲好。能獲得好評
10.交易買賣	遠方客戶，順利得財
11.貴人方位	東南南或東南東之方位
12.失物找尋	西南方鐵櫃內，可尋獲回

卯兔對酉雞	功成身退
1.工作事業	謹慎小心，保守福蔭更綿長
2.機會運勢	如只知享受揮霍，即將重來
3.婚姻感情	互信不足，宜重建互信
4.金錢財運	豐收後即將重新再來。不宜投資
5.出行旅遊	無法出門，會有變數。放棄為妙
6.官司訴訟	敗訴。理由不足、損財
7.身體健康	肝功能不佳。四肢酸痛
8.求職異動	守舊為上策。不可過份享福
9.人際關係	保守為佳。此團體不宜參與
10.交易買賣	賣了下次買更貴。不要急
11.貴人方位	東南東之方位
12.失物找尋	找不回。已損壞，在圓柱旁

卯兔對戌狗　穩定成長	
1.工作事業	按部就班，穩定成長
2.機會運勢	守舊有利，穩定進步中
3.婚姻感情	有志者事竟成，穩定交往中
4.金錢財運	堅持是最好的獲利
5.出行旅遊	平順如意，但延誤多
6.官司訴訟	勝訴。但拖延過久
7.身體健康	防四肢折傷、頭痛
8.求職異動	積極可成長，獲得財利
9.人際關係	主動會有好的互動
10.交易買賣	堅持、自信。可獲高利潤
11.貴人方位	東南南之方位
12.失物找尋	西北方置物櫃上方

太乙

卯兔對亥豬　　家運不興

1. 工作事業	機會多、壓力大，無法突破
2. 機會運勢	錯誤的學習，反而引來諸多的不順
3. 婚姻感情	對方太強勢、佔有慾強，宜熱情化解
4. 金錢財運	財運不佳，宜找巳蛇之人協助
5. 出行旅遊	途中易受困，改期延後為佳
6. 官司訴訟	官司纏身、敗訴。宜和解
7. 身體健康	腎臟、膀胱之疾。易心神不寧
8. 求職異動	宜守成，不宜變動
9. 人際關係	易受連累，減少互動，等機會到來
10. 交易買賣	易被騙，受委屈，暫停交易
11. 貴人方位	東南南之方位
12. 失物找尋	已損毀。在西北北方。水旁

辰龍對子鼠　不請自來

辰龍對子鼠	不請自來
1. 工作事業	順遂得益，主動而來
2. 機會運勢	時運到來、上天降福，宜保握
3. 婚姻感情	穩定、黏蜜，機會主動而來
4. 金錢財運	福蔭佳。大船入港
5. 出行旅遊	隨心所欲，盡興而歸
6. 官司訴訟	糾纏不清。雖可勝訴，但宜和解
7. 身體健康	心血循環差。透過運動化解
8. 求職異動	動者機會佳，財源廣進
9. 人際關係	魅力不可擋，人際旺盛
10. 交易買賣	成功。利潤豐盛
11. 貴人方位	東南南之方位
12. 失物找尋	在家中東南方。在容器內

辰龍對丑牛　不堪其擾

1.工作事業	損失大，宜保守。少輸為贏
2.機會運勢	防機械之傷害。可用午馬轉化
3.婚姻感情	受限、不開心。用熱情轉化
4.金錢財運	易因金錢惹禍上身，小心防範
5.出行旅遊	不宜外出。延期再議
6.官司訴訟	敗訴損財。和解為佳
7.身體健康	手腳、胃腸之疾。往南診治
8.求職異動	不動為妙。動者有志難伸
9.人際關係	不佳。透過學習或熱情積極改善
10.交易買賣	不如預期。血本無歸
11.貴人方位	正南之方位
12.失物找尋	已損毀。在東北北之高處

太乙　　太乙

辰龍對寅虎　成就名望	
1.工作事業	積極可掌握。成就指標性的人物
2.機會運勢	運勢到來。成就名望之氣
3.婚姻感情	穩定成長中，受到大家祝福
4.金錢財運	財旺、事業旺，更突顯成就
5.出行旅遊	如期出遊。能有展獲
6.官司訴訟	對方窮追不棄。官司纏身，宜和解
7.身體健康	胃潰瘍、皮膚之病。吃清淡食物改善
8.求職異動	異動佳，事業蓬勃進步發展
9.人際關係	有良好的人脈，成為領導人物
10.交易買賣	獲利不多，無法掌握。交易透明
11.貴人方位	正西之方位
12.失物找尋	在東北東。高突之物壓住、木櫃內

辰龍對卯兔　快速繁衍	
1.工作事業	名望突顯，因名得利，因利得名
2.機會運勢	成就自我，諸事順利
3.婚姻感情	穩定交往中。透過長輩更有好的結果
4.金錢財運	可透過名而得到財利
5.出行旅遊	可獲得知識及人際關係，平安順利
6.官司訴訟	對方太瞭解你了。對方勝訴
7.身體健康	肝增生物之疾。請速診治
8.求職異動	改變更順遂，更有遠景
9.人際關係	旺盛如意。人脈等於錢脈
10.交易買賣	利潤不佳，但得到名氣
11.貴人方位	東南南之方位
12.失物找尋	室內的東方，方形盒子內或書壓住

辰龍對辰龍　三心二意	
1. 工作事業	得心應手，熟悉如意、順遂
2. 機會運勢	與過去相同，沒有改變。宜積極
3. 婚姻感情	知己相逢，情投意合
4. 金錢財運	不可轉投資，進展緩慢、易受限
5. 出行旅遊	能盡興而歸，中途有延誤
6. 官司訴訟	難分勝負。祈求上天助一臂之力
7. 身體健康	筋骨疼痛或腫瘤、瘜肉，宜切除
8. 求職異動	不用改變，沒有進展，多此一舉
9. 人際關係	旺盛。知己相逢、人緣好
10. 交易買賣	順利但有人競爭。二強相爭
11. 貴人方位	東南南或正南之方位
12. 失物找尋	在原地沒有遺失。收在抽屜內

辰龍對巳蛇　水落石出

1.工作事業	事事如意，重見光明
2.機會運勢	多進修學習，福蔭已致
3.婚姻感情	得到真愛。不要錯過機會
4.金錢財運	懂得進修、上進，錢財自然來
5.出行旅遊	順利平安。有收獲
6.官司訴訟	水落石出，重見光明。還我清白
7.身體健康	肝炎、血壓高。往西方診治
8.求職異動	動者安。得權貴
9.人際關係	順利。名利雙收。人緣佳
10.交易買賣	透明、公開。成功但無利潤
11.貴人方位	正南之方位
12.失物找尋	真相大白。在室內東南南之方位

137

辰龍對午馬　安逸享成

辰龍對午馬　安逸享成	
1.工作事業	機會佳。一直在擴展中
2.機會運勢	雨過天晴，化險為夷
3.婚姻感情	誤會化清，和樂互動好
4.金錢財運	財利蒸蒸日上、順利
5.出行旅遊	快樂出門，平安歸來
6.官司訴訟	重見光明。勝訴
7.身體健康	中風、高血壓。換醫生可對症下藥
8.求職異動	異動有好的展獲。受重用
9.人際關係	往外更能獲得擁護
10.交易買賣	成功、利潤少。公開、透明交易
11.貴人方位	正西之方位
12.失物找尋	水落石出。在東南之木櫃內

辰龍對午馬　安逸享成

辰龍對未羊　環境變遷	
1. 工作事業	有好的展獲，順利名氣增加
2. 機會運勢	受困已過，大好前景
3. 婚姻感情	天賜良緣，珍惜保握
4. 金錢財運	能力一直提升，錢運順遂
5. 出行旅遊	順利出行。火氣旺，宜小心保養
6. 官司訴訟	宜和解。對方理勝
7. 身體健康	腎水虛、結石。往東北東診治
8. 求職異動	機會佳，宜把握、珍惜機會
9. 人際關係	人緣佳，人際旺盛
10. 交易買賣	無利可言。得到名氣
11. 貴人方位	東北東之方位
12. 失物找尋	在室內走道旁。西南之方位

辰龍對申猴	受人擁護
1. 工作事業	掌握自己，充分授權、名利雙收
2. 機會運勢	受人擁護，順利、旺盛
3. 婚姻感情	得到佳偶，感情黏蜜
4. 金錢財運	財源廣進，名利可期、如意
5. 出行旅遊	風行天下，自在暢遊
6. 官司訴訟	勝訴。對方功敗垂成
7. 身體健康	小心中風，行動不便
8. 求職異動	動者有利。一靜不如一動
9. 人際關係	受人愛戴。名利雙得
10. 交易買賣	高價賣出，交易成功
11. 貴人方位	正北之方位
12. 失物找尋	二天後主動現形

辰龍對酉雞　豐收享成	
1.工作事業	豐收享成，努力可得
2.機會運勢	成果已見，好好掌握
3.婚姻感情	感情佳，但互相較勁，希望能掌握對方
4.金錢財運	名利雙收。錢財如意
5.出行旅遊	三心二意，無法放鬆出遊
6.官司訴訟	糾纏不清，以和為貴
7.身體健康	不良於行，小心手足之傷
8.求職異動	陷入兩難。動者有財
9.人際關係	魅力無窮，人際旺盛
10.交易買賣	捨不得割愛。賣者得利
11.貴人方位	東北東之方位
12.失物找尋	無法找回。已被回收了

辰
龍
對
戌
狗

高
优
落
差

辰龍對戌狗　高低落差	
1.工作事業	守舊為妙，不可改變
2.機會運勢	往外得賺錢之機會，但不可投資
3.婚姻感情	難以溝通，見解不同。可藉由長輩溝通
4.金錢財運	財運佳。錢財主動入庫
5.出行旅遊	無法盡興而歸。放棄不要出遊
6.官司訴訟	雖得到機會，但兩敗俱傷
7.身體健康	手足受傷，肝膽功能衰退
8.求職異動	動者有災。守舊為要
9.人際關係	勾心鬥角，以和為貴
10.交易買賣	得財利，但心情不佳
11.貴人方位	東北東或東南南之方位
12.失物找尋	已損壞，不用再找了

辰龍對亥豬　神鬼入侵

1.工作事業	機會多，但不可改變，變者凶
2.機會運勢	運勢不佳，事與願違
3.婚姻感情	得不到快樂。可用熱情改變現況
4.金錢財運	因財惹禍上身。防不明之財來源
5.出行旅遊	不要出遊。風雨阻礙
6.官司訴訟	官司纏身。宜透過午馬之人協助
7.身體健康	腎臟、糖尿病、心血管。往南診治
8.求職異動	不動為妙。小心陷阱
9.人際關係	減少互動。防招惹是非
10.交易買賣	能成功。建議放棄交易，因財惹禍
11.貴人方位	東南南或正南之方位
12.失物找尋	最好放棄。找回易損財

巳蛇對子鼠　事業心重	
1.工作事業	宜保持現況，免增加壓力
2.機會運勢	阻礙多，積極可化解逆境
3.婚姻感情	意見不同，增加了甜蜜之負擔
4.金錢財運	情緒變化大、壓力重。可得財
5.出行旅遊	在家休息，來的快樂自在
6.官司訴訟	敗訴。官司纏身，宜和解
7.身體健康	心血管、眼疾、腎水虛。往西南西
8.求職異動	動者有禍。保守為佳
9.人際關係	小人陷害。吃力不討好
10.交易買賣	限制多、阻礙多。吃虧不討好
11.貴人方位	正西之方位
12.失物找尋	找不回來，已損壞。在北方

巳蛇對丑牛　　給人信心	
1.工作事業	常給人希望，反帶來諸多機會
2.機會運勢	機會不如以前，但魅力不減
3.婚姻感情	熱臉貼人冷屁股。可用甜言蜜語改善
4.金錢財運	主動積極才有機會獲得財利
5.出行旅遊	可盡興玩樂，平安歸來
6.官司訴訟	白忙一場。不要訴訟
7.身體健康	心血管之疾。多休息可調養，往西南西診治
8.求職異動	守舊就好。動者勞碌付出
9.人際關係	會主動照顧別人，得到諸多的好評
10.交易買賣	買賣順利，但無利潤
11.貴人方位	西南西之方位
12.失物找尋	遺失在外面，往東北北找，在高突處

巳蛇對丑牛 給人信心

145

巳蛇對寅虎　充分授權	
1. 工作事業	機會多。自給自己諸多壓力
2. 機會運勢	責任一直加重，努力可突破
3. 婚姻感情	不要給對方太大的壓力。宜用甜言蜜語
4. 金錢財運	衰退中。努力積極可轉化
5. 出行旅遊	無法放鬆心情。另擇期出行
6. 官司訴訟	光明以對。和解為首要
7. 身體健康	筋骨痠痛。手腳易受傷
8. 求職異動	不要改變。現況為佳
9. 人際關係	給對方太多期許，反而造成壓力
10. 交易買賣	太過精打細算，對方不買賬
11. 貴人方位	西南南之方位
12. 失物找尋	雜物壓住，在東北東木器旁

巳蛇對寅虎　充分授權

巳蛇對卯兔　育木有功

1. 工作事業	懂得對周遭人事付出，得到諸多的機會
2. 機會運勢	價值提升，功能提升，贏得好運勢
3. 婚姻感情	主動付出，得到被需要的價值
4. 金錢財運	雖然沒以前的好，但比以前快樂
5. 出行旅遊	賓至如歸，快樂平安
6. 官司訴訟	對方理由充足。我敗訴
7. 身體健康	防過勞動。休息調養得安康
8. 求職異動	製造功能、價值。異動得用
9. 人際關係	人際魅力無窮。不可強賓奪主
10. 交易買賣	順利圓滿，但沒錢賺
11. 貴人方位	西南西之方位
12. 失物找尋	往東，木器旁，即可尋獲

巳蛇對辰龍　勞碌奔波

1.工作事業	機會多。難以清閒	
2.機會運勢	身陷沼澤。積極可化險為夷	
3.婚姻感情	雖然有點辛苦，但有滿足感	
4.金錢財運	不佳。宜透過申猴之人協助	
5.出行旅遊	可疏解壓力，快樂平安	
6.官司訴訟	身受其害，理由不足。	
7.身體健康	不良於行，心血氣不足。宜西南西診治	
8.求職異動	功能性提升。可成為專業導師	
9.人際關係	熱臉貼人冷屁股。自討沒趣	
10.交易買賣	被騙隱瞞，吃虧上當	
11.貴人方位	西南西之方位	
12.失物找尋	落入溝內、水池。難尋獲	

巳蛇對巳蛇　兩強相爭	
1.工作事業	駕輕就熟，順利快樂
2.機會運勢	稱心如意，隨手可得
3.婚姻感情	難以溝通。個性相同
4.金錢財運	平順。還算滿意
5.出行旅遊	知己相逢。可如期出遊
6.官司訴訟	棋逢敵手，難分勝負。宜和解
7.身體健康	勞動太過、筋骨痠痛。多休息改善
8.求職異動	守舊不用變動。免得多此一舉
9.人際關係	人際旺盛，交友廣擴，人脈佳
10.交易買賣	找到識貨者。圓滿如意
11.貴人方位	西南南之方位
12.失物找尋	在原地，再次返回即可見曉

巳蛇對午馬 火上加油

巳蛇對午馬　火上加油

1.工作事業	效率提升、機會佳，閒不下來	
2.機會運勢	天時、地利、人和。稱心快樂	
3.婚姻感情	美滿如意。但太過陽剛，宜用甜言蜜語軟化	
4.金錢財運	旺盛財運佳，人緣好	
5.出行旅遊	快樂、活躍，平安順利	
6.官司訴訟	一切明朗，真相大白。勝訴	
7.身體健康	腎水不足、火氣大。中醫診治	
8.求職異動	動者人氣旺、財旺。宜把握	
9.人際關係	公信、正義、好風評	
10.交易買賣	滿意順利，利潤好	
11.貴人方位	西南西之方位	
12.失物找尋	往南電腦、火爐旁、客廳	

巳蛇對未羊　普照大地

1.工作事業	資源雄厚，努力有成
2.機會運勢	捨得付出，處處逢源
3.婚姻感情	得用互助，相輔相成
4.金錢財運	能創造價值，無中生有
5.出行旅遊	如期外出，平安順利
6.官司訴訟	白忙一場，講話不周全。宜和解
7.身體健康	防腎臟結石，增生異物。往東診治
8.求職異動	動可展現才華能力，魅力四射
9.人際關係	魅力無窮，人脈旺盛，帶來諸多好評
10.交易買賣	順利。名利雙收，利潤佳
11.貴人方位	正東之方位
12.失物找尋	目標明顯，在西南南櫃子內

巳蛇對申猴　御駕親征	
1. 工作事業	雖有點辛苦，但豐收享成
2. 機會運勢	滿地黃金，努力可得
3. 婚姻感情	恩愛融洽，和合美滿
4. 金錢財運	成果穩定，順利豐碩
5. 出行旅遊	快樂出遊，要聽從導遊指揮
6. 官司訴訟	親臨戰場，圓滿成功
7. 身體健康	動之過度，關節炎。往東診治
8. 求職異動	動可獲得財利，更上一層樓
9. 人際關係	能者多勞，努力有所得，人際良好
10. 交易買賣	忙碌有所成。順利得財，利潤佳
11. 貴人方位	正東之方位
12. 失物找尋	鐵櫃旁，沒有遺失，或往西南西

巳蛇對酉雞　為情所困

1. 工作事業	目標明顯，各求所需
2. 機會運勢	出外逢源，小心情關
3. 婚姻感情	為愛努力，但自己性情不穩定
4. 金錢財運	積極可成，但容易半途而廢
5. 出行旅遊	會耽誤日期，牽絆多，宜小心謹慎
6. 官司訴訟	為情所困，恐有敗訴
7. 身體健康	心血管之疾、胃腸、婦女病。宜往東北東診治
8. 求職異動	不動為妙，可守株待兔
9. 人際關係	常半途而廢，引來諸多聲音
10. 交易買賣	賣少買大，短期有利，長期無法獲利
11. 貴人方位	東北東之方位
12. 失物找尋	不夠用心，找不回來了

巳蛇對戌狗 功成身退

巳蛇對戌狗　功成身退

1.工作事業	動不如靜，守舊保泰	
2.機會運勢	守株待兔，等待佳機	
3.婚姻感情	努力耕耘，不惜一切	
4.金錢財運	不如以前，疲勞無成果	
5.出行旅遊	不如預期，有口舌意見之爭。宜延期	
6.官司訴訟	理由不足，無法獲勝。宜和解	
7.身體健康	敗血症、結石，心肺不佳	
8.求職異動	守舊為安。動了一無所有	
9.人際關係	熱臉貼人冷屁股，自討沒趣	
10.交易買賣	不要急著交易。易損失慘重	
11.貴人方位	正東之方位	
12.失物找尋	無法找回。重新購買為佳	

巳蛇對亥豬　暗無天日

1. 工作事業	白忙一場，守舊為要。往南找貴人可改善
2. 機會運勢	不如以前，宜守株待兔。可找午馬之人協助
3. 婚姻感情	陰晴不定，可透過進修學習改善
4. 金錢財運	不可投資，守舊是唯一選擇
5. 出行旅遊	陰雨天者停止出行，最好另擇它日
6. 官司訴訟	不利敗訴，宜和解，不可提告
7. 身體健康	心肺功能下降，宜透過中醫調理
8. 求職異動	改變一無所有，前功盡棄。宜守舊
9. 人際關係	受到外在極大的壓力，宜學習人際課程
10. 交易買賣	會白忙一場。請放棄交易
11. 貴人方位	正南之方位
12. 失物找尋	找不回來了，不用再找

午馬對子鼠　充分授權	
1.工作事業	魅力不再，宜多進修，用授權改善壓力
2.機會運勢	暗無天日，光明不在。可找寅虎之人協助
3.婚姻感情	可透過授權賦予權利，改善感情
4.金錢財運	不明之財不可取，免官司上身
5.出行旅遊	變數多，不如重新擇期出發
6.官司訴訟	敗訴，連敗數審，最好和解
7.身體健康	心臟病、高血壓、肺炎，宜往東北東診治
8.求職異動	只宜保持現況，不可改變
9.人際關係	人際不佳，外在諸多的反對聲浪
10.交易買賣	交易不成。不用急著買賣免得損失
11.貴人方位	東北東之方位
12.失物找尋	無法找回，東西已損壞了

午馬對丑牛　舞台魅力

1.工作事業	完美演出，得到不少喝采
2.機會運勢	唯有主動積極，才能旗開得勝，勢如破冰
3.婚姻感情	不可給對方太多得期許，可用甜言蜜語改善
4.金錢財運	保守，免得壓力重重
5.出行旅遊	宜待時出行，或延至春天為佳
6.官司訴訟	多此一舉，最好和解，白忙一場
7.身體健康	心神不寧、失眠。宜往東北東診治
8.求職異動	不可改變，無法突破困境。宜守成
9.人際關係	讓朋友覺得相當的窩心，魅力無限
10.交易買賣	無法順利，阻礙多、壓力重重
11.貴人方位	東北東之方位
12.失物找尋	往南方找，鐵櫃內或被重物壓住

午馬對寅虎　育木有功

1.工作事業	培育人才有所成，成果亮麗	
2.機會運勢	能量一直在成長，眾所矚目	
3.婚姻感情	滿滿的愛，幸福快樂	
4.金錢財運	穩定成長，眾所皆知	
5.出行旅遊	賓至如歸，收獲不少	
6.官司訴訟	初審不利，只有付出，難得勝訴	
7.身體健康	扭傷、肝膽病。宜往西方診治	
8.求職異動	異動佳，心想事成	
9.人際關係	懂得付出，贏得良好的人際關係	
10.交易買賣	順利，但利潤不佳	
11.貴人方位	正西之方位	
12.失物找尋	在木櫃旁、床邊，即能尋獲	

午馬對卯兔　安逸享成

1. 工作事業	太過於求好心切，反而成長受限
2. 機會運勢	不如以前，積極可進步成長
3. 婚姻感情	愛要用行動或言語表達，不可只放在心上
4. 金錢財運	雖然機會多，但卻無法掌握
5. 出行旅遊	不可興奮過渡，安全為第一
6. 官司訴訟	講話直接，無法贏得勝利
7. 身體健康	肝火過旺，腎水虛。宜往東北東診治
8. 求職異動	異動後重新而來，易弄巧成拙
9. 人際關係	太過熱情，反而造成周遭人之壓力
10. 交易買賣	易有變數。宜擇期重新交易
11. 貴人方位	東北東之方位
12. 失物找尋	找回東西也損壞了

午馬對辰龍　自我設限

1.工作事業	設定太多的事業目標，使自己壓力重重	
2.機會運勢	自我設限，宜多參與人際互動，可提升	
3.婚姻感情	滿懷的愛，常常落空。積極可成	
4.金錢財運	投資無益，保守為安	
5.出行旅遊	不可安排遊湖坐船，即可平安	
6.官司訴訟	敗訴。以和解為宜	
7.身體健康	心血不足，宜往東南南診治	
8.求職異動	動者身陷沼澤，無法脫穎而出	
9.人際關係	如同熱臉貼人冷屁股，人際互動易受限	
10.交易買賣	易吃虧受限，放棄交易為要	
11.貴人方位	東南南之方位	
12.失物找尋	已不見了，不用再找	

午馬對巳蛇　　信心十足	
1.工作事業	名揚四海，得財得利
2.機會運勢	處處逢源，往外可得
3.婚姻感情	熱情活躍，圓滿順利
4.金錢財運	峰迴路轉，信心大作
5.出行旅遊	順利平安快樂
6.官司訴訟	對方比我理由更充足，宜和解
7.身體健康	肝火旺，血氣過旺，腎水不足。宜往東北東診治
8.求職異動	動者能脫穎而出，受到重視
9.人際關係	出外逢貴，名氣遠播，人際旺盛
10.交易買賣	交易透明，賓主盡歡
11.貴人方位	東北東之方位
12.失物找尋	往東南南。電腦旁或火旁找，即可獲得

午馬對午馬　多頭馬車	
1.工作事業	順利熟悉，名氣遠播
2.機會運勢	掌握自如，求好心切，不要給自己太多壓力
3.婚姻感情	心想事成，不宜衝動行事，改用甜言蜜語
4.金錢財運	處之泰然，平順如意
5.出行旅遊	一切如預期，順利平安
6.官司訴訟	旗鼓相當，以和為貴
7.身體健康	高血壓，脾氣暴躁，眼睛常佈滿血絲。往東北東診治
8.求職異動	沒有進展，宜保持現況
9.人際關係	人際關係佳，人脈廣
10.交易買賣	交易順利，能獲得利潤
11.貴人方位	東北東之方位
12.失物找尋	沒有遺失，在原處。或南邊之處

午馬對未羊　合力開創

1.工作事業	美好前景，為你留住，勇往直前，將它取得
2.機會運勢	萬物化育，繁榮之象
3.婚姻感情	感情雖融洽，但宜防意氣用事
4.金錢財運	信用得固，名利雙收
5.出行旅遊	快樂和合，賓主盡歡
6.官司訴訟	拖延過久，無經濟效率，以和為貴
7.身體健康	心火太過旺盛，腎水不足，宜往東北東診治
8.求職異動	能獲眾望，動者名利雙收
9.人際關係	謙恭做事，外得人和
10.交易買賣	順利快樂，利潤好
11.貴人方位	東北東之方位
12.失物找尋	沒有遺失，在南方櫃子內或電腦旁

午馬對申猴　辛苦有成

1. 工作事業	雖然辛苦，但一切都值得
2. 機會運勢	能享名利雙收，宜把握良機
3. 婚姻感情	陰陽和合，但少了甜蜜，宜多點浪漫
4. 金錢財運	精力旺盛，財源廣進
5. 出行旅遊	邊旅遊又可邊做生意，大好不過了
6. 官司訴訟	順利勝利，可獲得賠償
7. 身體健康	動之太過，傷了筋骨。中醫可調養
8. 求職異動	飛龍在天，青雲直上，可獲重用
9. 人際關係	能享名利，人際旺盛，風雲際會
10. 交易買賣	順利獲利，百事享通
11. 貴人方位	東南南之方位
12. 失物找尋	在外。西南西馬路旁，即可尋獲

午馬對申猴　辛苦有成

午馬對酉雞　人際財祿

1. 工作事業	美花豐實，名利雙收，宜努力爭取
2. 機會運勢	秋收之季，滿載而歸
3. 婚姻感情	能得到良緣，但少了和合之氣
4. 金錢財運	豐收享成，快樂富有
5. 出行旅遊	旅遊又可得財，快樂順利
6. 官司訴訟	一切在預期，獲得勝訴
7. 身體健康	肺功能受損，宜往東北東診治
8. 求職異動	動者大展鴻圖，可獲得成功
9. 人際關係	不可太果斷，易造成周遭人之壓力
10. 交易買賣	順利，可獲得財利
11. 貴人方位	東北東之方位
12. 失物找尋	已毀損，找回沒有意義了

午馬對戌狗　退居幕後	
1.工作事業	繁華榮景，不如以前，守保為要
2.機會運勢	太陽西下，有志難伸，宜守株待兔
3.婚姻感情	全心投入，變成沒有自我
4.金錢財運	秋收逢颱，懷才不遇
5.出行旅遊	一切不如預期，不如在家休息
6.官司訴訟	敗訴。有牢獄之災。宜和解
7.身體健康	心肺衰退，宜往西南西診治
8.求職異動	不可變動，動者受限，勞而無功
9.人際關係	白忙一場，得不到別人認同，宜重新找團體經營人脈
10.交易買賣	等待它日在進行為妙
11.貴人方位	西南西之方位
12.失物找尋	被收藏在電腦旁櫃子內或西北西之位

午馬對戌狗 退居幕後

午馬對亥豬　家大業大

1.工作事業	埋頭苦幹，大展鴻圖
2.機會運勢	機會旺盛，運勢不如以前
3.婚姻感情	孫悟空難逃如來佛神掌
4.金錢財運	獲利衰退。不可求暗財，防牢獄之災
5.出行旅遊	大雨受限，另擇期出發
6.官司訴訟	易身受黑名之災，防訴訟。宜和解
7.身體健康	心血循環差，宜往東南南診治
8.求職異動	不動為妙。受限有志難伸
9.人際關係	人際旺盛，人脈佳，捨得付出
10.交易買賣	壓力重重，無法獲得財利，而且受限
11.貴人方位	西南南之方位
12.失物找尋	沒有遺失在南方，東西有潮溼發霉

未羊對子鼠　化名爲暗

1. 工作事業	能在預期中進步發展，防被中傷
2. 機會運勢	一切順利。防不明的金錢來源
3. 婚姻感情	感情自己來，魅力四射。防有糾紛
4. 金錢財運	財自己送上門，防名聲受損
5. 出行旅遊	遇雨者改期。宜防手足之傷
6. 官司訴訟	防不明的金錢動態，才能免於牢獄之災
7. 身體健康	腫瘤、心臟、高血壓。宜往東北東診治
8. 求職異動	異動可得財。但防工作疏失傷手足
9. 人際關係	不可太過強勢，易引起怨言
10. 交易買賣	順利得財，利潤豐碩
11. 貴人方位	東北東或西南西之方位
12. 失物找尋	不見了，不用再找

未羊對子鼠　化名爲暗

168

未羊對丑牛　休息充電

1.工作事業	雖然沒有以前的亮麗，但還有微利
2.機會運勢	運勢受限，無法發揮，宜往南找機會
3.婚姻感情	陰陽兩極，思想差異大。宜透過寅虎之人轉化
4.金錢財運	財運被凍結。主動積極可突破得財
5.出行旅遊	在家休息就好，免得花錢受氣
6.官司訴訟	敗訴、委屈。不可提告
7.身體健康	腫瘤、高血壓、心血管之疾，宜往南方診治
8.求職異動	動者有志難伸，受限阻礙多
9.人際關係	不如以前。是非多，意見多，可另找新團體經營
10.交易買賣	雖然不順利，但可獲得財利
11.貴人方位	東南南之方位
12.失物找尋	不見了，找不回來了

未羊對寅虎　一枝獨秀	
1.工作事業	一枝獨秀，風雲際會
2.機會運勢	才智兼具，可得機運
3.婚姻感情	綠葉發枝，感情順遂
4.金錢財運	能得繁榮，財主動而來
5.出行旅遊	雖然有所延誤，但快樂豐收
6.官司訴訟	糾纏不清。和解為宜
7.身體健康	手足之傷、胃腸之疾。往南診治
8.求職異動	動者能受重視，仕途順利
9.人際關係	人緣佳、人脈廣，德望兼備
10.交易買賣	受限多，阻礙多，獲利少。擇期重新交易吧
11.貴人方位	正南之方位
12.失物找尋	沒有遺失。在西南南之位或電腦旁

未羊對卯兔　連鎖超商	
1. 工作事業	綠葉發枝，名揚四海
2. 機會運勢	風雲際會。光明坦途，不求自來
3. 婚姻感情	和合順利、圓滿如意
4. 金錢財運	雖不是暴利，但一切順遂
5. 出行旅遊	約束多，但可圓滿平安
6. 官司訴訟	無法全身而退。不可訴訟，宜和解
7. 身體健康	胃腸之疾，皮膚發炎。宜往東南南診治
8. 求職異動	異動者一躍上天，一舉成名
9. 人際關係	德望兼備，名利雙收
10. 交易買賣	無法隨心所欲，受限。宜擇期另行交易
11. 貴人方位	東南南之方位
12. 失物找尋	在西南南被書本壓住或木櫃內

未羊對辰龍　繁華榮景	
1.工作事業	楊柳逢春，繁華榮景
2.機會運勢	吉人天相，以德取眾，順遂如意
3.婚姻感情	天喜臨昭，男女喜慶
4.金錢財運	名雖可得，財運平平，雨來者旺
5.出行旅遊	難得順遂。宜重新擇期出發
6.官司訴訟	不要一意孤行，不可執意訴訟，自獲天佑
7.身體健康	手足受傷，注意食慾
8.求職異動	易受限，不得時運，守舊為宜
9.人際關係	人氣旺盛。防意氣用事，人和必失
10.交易買賣	難得順遂。不如改變交易模式
11.貴人方位	東北東之方位
12.失物找尋	遺失在東南東低陷之位或水池旁

未羊對巳蛇　　得天加持	
1.工作事業	業界之光，名揚四海
2.機會運勢	處事嚴謹，得到諸多的良機
3.婚姻感情	得到呵護，甜蜜順遂
4.金錢財運	貴人相助，成功順利。遇雨則發
5.出行旅遊	順利平安，豐收滿載而歸
6.官司訴訟	得貴人相助，獲得勝訴
7.身體健康	腎水不足，胃酸過多。往東北東診治
8.求職異動	靜不如動，動者名揚四方，豐收
9.人際關係	以德取眾，天時地利人和兼具
10.交易買賣	透明、順利。但名大於利
11.貴人方位	正東之方位
12.失物找尋	在東南南或電器旁即可尋獲

未羊對午馬　努力活躍

1.工作事業	天賜吉祥，四海名揚。宜以和為貴
2.機會運勢	天賦祥運，善用人脈，必獲成功
3.婚姻感情	感情融洽。多用甜言蜜語溝通
4.金錢財運	努力發達，錢財順遂如意
5.出行旅遊	順利平安。防意氣用事
6.官司訴訟	沒有進展。不要訴訟，以和為貴
7.身體健康	腎水不足、結石、腫瘤。往東北東診治
8.求職異動	動者能獲得貴人加持，成功順利
9.人際關係	人氣旺盛。宜防自滿、傲氣並失人和
10.交易買賣	受限，利潤不如以前
11.貴人方位	東北東之方位
12.失物找尋	在南方或在電腦旁，即可尋獲

未羊對未羊	暗地較勁
1.工作事業	順遂如意，有貴人相助
2.機會運勢	貫徹志望，順遂穩定
3.婚姻感情	各持己見，無法溝通
4.金錢財運	沒有進展，金錢在耗損中
5.出行旅遊	快樂順利，能如預期
6.官司訴訟	平分秋色。以和為貴
7.身體健康	結石、腫瘤、腎水不足。宜往東北東診治
8.求職異動	一動不如一靜，守成為要
9.人際關係	內外順遂，人氣旺盛，人緣佳
10.交易買賣	順利可得，利潤不佳
11.貴人方位	西南西之方位
12.失物找尋	在原地沒有不見

未羊對申猴　名聲遠播	
1. 工作事業	大展身手，萬人仰望，名聲遠播
2. 機會運勢	名利雙收，名氣遠播
3. 婚姻感情	要有好的感情，彼此要懂得被約束
4. 金錢財運	雲開見月，勞碌可成
5. 出行旅遊	快樂平安，暢行天下
6. 官司訴訟	雨過天晴，化險為夷
7. 身體健康	消化不良，大腸瘜肉。往正東診治
8. 求職異動	時來運轉，能得名利
9. 人際關係	把握機會，開拓人脈
10. 交易買賣	事願相達，順利交易，獲得利潤
11. 貴人方位	正東之方位
12. 失物找尋	在外遺失，難以尋回。在西南西遺失

未羊對申猴　名聲遠播

176

未羊對酉雞　稿賞享福

1.工作事業	榮譽達利，穩健獲利	
2.機會運勢	豐收享成，機運好	
3.婚姻感情	給對方太多的呵護，反造成阻力	
4.金錢財運	精力旺盛，豐收財運佳	
5.出行旅遊	精神愉快、平安。但不宜買太多的食品回家，會損壞	
6.官司訴訟	理由充足，勝訴	
7.身體健康	肺發炎，子宮腫瘤，往東北東診治	
8.求職異動	動者有財，豐收享成	
9.人際關係	人際不佳，雖給對方諸多呵護，卻反成對方的壓力	
10.交易買賣	有立桿見影之象，圓滿收成	
11.貴人方位	東北東之方位	
12.失物找尋	自己大意，已毀損找不回了	

未羊對戌狗　財從天降

1.工作事業	喜從天降，順利獲利	
2.機會運勢	天賜佳運，好好把握	
3.婚姻感情	感情、金錢兩得意，宜好好珍惜	
4.金錢財運	財從天降，把握能快速致富	
5.出行旅遊	阻礙多、受限多，無法順暢。另擇期出發	
6.官司訴訟	有理說不清，和解為宜	
7.身體健康	腫瘤、結石、皮膚炎。往東北東或東診治	
8.求職異動	雖有些考驗但卻可獲得所需	
9.人際關係	平易近人，人氣旺盛，可因人氣而得財	
10.交易買賣	謙卑交易能獲得財利	
11.貴人方位	東北東及正東之方位	
12.失物找尋	被重物壓住，在西北西方	

未羊對亥豬　因財惹禍	
1.工作事業	事業佳，惟靠謹慎，逢凶化吉
2.機會運勢	機會主動而來，卻感到受限
3.婚姻感情	有好的感情，卻沒好的心情
4.金錢財運	財運佳，但小心因財惹禍
5.出行旅遊	小心水厄。遇雨天者另擇期出發
6.官司訴訟	因財惹禍上身，宜透過午馬之人化解
7.身體健康	尿毒、吃錯藥物、食物中毒。往南診治
8.求職異動	不動為安，易事與願違
9.人際關係	遇不速之客，讓自己名譽受損
10.交易買賣	防被吭或收到偽鈔
11.貴人方位	正南或東南南之方位
12.失物找尋	被偷走。找不回來

申猴對子鼠　心甘情願	
1. 工作事業	努力經營付出，圓滿成功
2. 機會運勢	勞碌可成，光明坦途，指日可期
3. 婚姻感情	心甘情願為愛付出，得到和合之氣
4. 金錢財運	名雖可得。但金錢財運不佳，白忙一場
5. 出行旅遊	盡興而歸，能身心放鬆
6. 官司訴訟	白忙一場，貪功好進。宜和解
7. 身體健康	肝膽功能衰弱，心血虛。宜往東診治
8. 求職異動	守舊為要。專心一致，可望成功
9. 人際關係	熱心公益，捨得付出，得到諸多讚賞
10. 交易買賣	交易快速，但無利潤可言
11. 貴人方位	正東之方位
12. 失物找尋	粗心大意。往北邊或水邊找，即可尋獲

申猴對丑牛　　思考周詳

1.工作事業	雖沒有以前的亮麗，但反而可邊學習邊發展
2.機會運勢	受限住、阻礙。宜學習後重新出發
3.婚姻感情	天作之合，互補長短，各求所需
4.金錢財運	阻礙重重，無法獲得金錢週轉
5.出行旅遊	以學習考察心態者能有所獲。旅行者掃興而歸
6.官司訴訟	理由不足敗訴。防牢獄之災，宜和解
7.身體健康	行動受限，心肺功能差。宜往東南南診治
8.求職異動	異動無法拓展，在原單位可大展才華
9.人際關係	意氣用事必失人和，慎始行事人氣旺
10.交易買賣	考驗不絕，難以交易，另擇它日
11.貴人方位	東南南或南之方位
12.失物找尋	在東北北的鐵櫃內或置放於高處，沒有遺失

申猴對寅虎　勢如破竹

1.工作事業	事業蓬勃而生，努力可得	
2.機會運勢	勢如破竹，辛苦而運勢佳	
3.婚姻感情	思想差異極大，無法達共識，宜透過溝通、甜言蜜語化解	
4.金錢財運	努力積極財運佳，豐收之象	
5.出行旅遊	能隨心所欲、快樂。防粗心大意	
6.官司訴訟	能壓倒性的勝利，並獲得金錢賠償	
7.身體健康	手足之傷、肝膽之疾。往東診治	
8.求職異動	變通昌隆、一躍上天、動者有喜	
9.人際關係	太過強勢，不得人和。可透過卯兔之人化解	
10.交易買賣	順利快速，利潤豐碩可觀	
11.貴人方位	正東之方位	
12.失物找尋	東西已破損，找回無益	

申猴對卯兔　感情牽絆	
1. 工作事業	天賦吉運，仁義兼備，穩定
2. 機會運勢	雲開見月，運勢順遂
3. 婚姻感情	一拍即合，黏蜜恩愛
4. 金錢財運	天降財氣，滿載而歸
5. 出行旅遊	心想事成，快樂平安，豐收喜悅
6. 官司訴訟	易受牽絆，拖延過久。宜和解
7. 身體健康	手足受傷，肝機能受損。宜往東南南診治
8. 求職異動	變動綠葉蓬勃而生，求財順遂
9. 人際關係	人氣旺盛，眾望所歸
10. 交易買賣	順遂成功，豐收享成
11. 貴人方位	東南南之方位
12. 失物找尋	往西南西之方位或鐵櫃或白色東西蓋住

申猴對辰龍　全力以赴	
1.工作事業	努力有目標，能獲得成果
2.機會運勢	受限阻礙。多給自己一些壓力，可突破進步
3.婚姻感情	願意為愛全力以赴，為對方改變投入
4.金錢財運	易落入金錢陷阱中，小心不要急進
5.出行旅遊	無法如期歸來，會有所延誤
6.官司訴訟	身陷官符，防牢獄之災。可透過巳蛇之人轉化
7.身體健康	氣血不足，心肺功能差。宜往東南南診治
8.求職異動	不要貪功好進，守舊為佳
9.人際關係	願意投入，平易近人，人氣旺
10.交易買賣	無法順利，啞口無言，白忙一場
11.貴人方位	東南南之方位
12.失物找尋	落入水池、低陷之地或櫃子的後方。在東南東處

申猴對巳蛇　欽點加持

1.工作事業	名揚四海，事業大成
2.機會運勢	欽點加持，順遂得意
3.婚姻感情	海派、互動黏蜜，熱情如火
4.金錢財運	有壓力才會有成長，積極可進步
5.出行旅遊	責任多、受限多，無法放鬆。還是在家休息好了
6.官司訴訟	官司纏身，無法脫身。和解為妙，可找卯兔之人化解
7.身體健康	多尿、大腸瘜肉、高血壓。宜往東診治
8.求職異動	變動可增加經驗，亦能受上司重用
9.人際關係	互動良好，得到支持，獲得肯定
10.交易買賣	動不如靜，另擇期重新交易
11.貴人方位	正東之方位
12.失物找尋	被白色東西壓住或鐵櫃內，在東南南

申猴對午馬　勞心勞力

1. 工作事業	雖然勞心勞力，但一直穩定成長中	
2. 機會運勢	心想事成，努力有收穫	
3. 婚姻感情	喜歡各自為政，少了甜言蜜語，可透過丑牛之人轉化	
4. 金錢財運	積極可進步穩定。往東機會更佳	
5. 出行旅遊	出遊無法放下工作事業，還是另擇期出發	
6. 官司訴訟	敗訴，壓力重重。以和解為要	
7. 身體健康	筋骨痠痛、血壓高。宜往東診治	
8. 求職異動	異動後能得到充分授權	
9. 人際關係	能者多勞，能得到信任，人脈廣，人氣旺	
10. 交易買賣	交易快速，但沒有利潤可言	
11. 貴人方位	東北東或正東之方位	
12. 失物找尋	東西已毀損，在南方。找回無益	

申猴對午馬　勞心勞力

申猴對未羊　傳播資訊	
1.工作事業	業界之首、名揚四海
2.機會運勢	穩定成長，名聲地位一直提升
3.婚姻感情	可得良緣，但就是少了浪漫
4.金錢財運	財運佳，心想事成，可以掌握
5.出行旅遊	快樂順遂，獲益無窮
6.官司訴訟	勝訴。理由充足，貴人現
7.身體健康	肝膽調養，多做休息或往東診治即可
8.求職異動	異動得權貴，宜把握良機
9.人際關係	人氣旺，阿莎力，贏得人脈
10.交易買賣	快速順利，心想事成
11.貴人方位	正東之方位
12.失物找尋	在家中西南南之櫃子或電腦旁

申猴對申猴　雙颱效應	
1.工作事業	熟悉順利，穩定成長
2.機會運勢	心想事成，順利穩定
3.婚姻感情	主見太多，欠缺溝通，宜透過卯兔之人協調
4.金錢財運	不可強出頭投資，一去不回，宜低調，免財之損耗
5.出行旅遊	人來瘋，快樂瘋狂。宜小心安全
6.官司訴訟	兩強相爭，兩敗俱傷，損失慘重。宜以和為貴
7.身體健康	手足意外之傷，肝膽功能衰退，宜往東診治
8.求職異動	動了沒有加分，易形成敵對，守舊為宜
9.人際關係	多留給人表現之機會，會帶給自己更多的人氣
10.交易買賣	交易順利，但沒有利潤
11.貴人方位	正東之方位
12.失物找尋	在原地、通道處、鐵櫃旁即可尋獲

申猴對酉雞　漸入佳境

1.工作事業	一直進步，漸入佳境，即將收成
2.機會運勢	機會來臨，豐收享成
3.婚姻感情	不可太強勢，已造成對方的壓力
4.金錢財運	能掌握自如，漸入豐收
5.出行旅遊	能得到充分放鬆，快樂自在
6.官司訴訟	壓倒性勝利，理由充足
7.身體健康	心肺功能受損，宜往東診治
8.求職異動	動者掌握實權，機會不可失
9.人際關係	表現太夠，易引起周遭之不滿，人氣不佳
10.交易買賣	順利成功、快速，利潤佳
11.貴人方位	東北東之方位
12.失物找尋	不見了，被人拿走，無法找回

申猴對戌狗　　休息睡覺	
1.工作事業	休息是為了走更長遠的路
2.機會運勢	不如以前，宜守株待兔，等候時機
3.婚姻感情	得到對方的關愛，心滿意足
4.金錢財運	受限，無法有效成長，宜往東可改善
5.出行旅遊	受限多，但可充分放鬆、休息、出行
6.官司訴訟	敗訴，理由不足。宜和解
7.身體健康	行動不便，肝膽機能不佳
8.求職異動	守舊為宜，留在原單位，可增加智慧
9.人際關係	宜低調行事，學習充電再出發
10.交易買賣	受限，交易不順利。另擇期買賣
11.貴人方位	西南南或正東之方位
12.失物找尋	在家中西北西之櫃子內，或高點即可找回

申猴對亥豬　狂風暴雨

1.工作事業	低調行事，免得到最後一場空
2.機會運勢	雖然不如以前，但往南可重回良機
3.婚姻感情	還是互相再觀察半年，再做決定吧
4.金錢財運	投資易損失慘重，宜往東找對策
5.出行旅遊	風大、雨大、變數大，不可外出
6.官司訴訟	一意孤行，牢獄之災。找卯兔之人求改善之道
7.身體健康	糖尿病、尿毒，肌肉受傷。宜往東診治
8.求職異動	保守唯一之選，守舊為宜
9.人際關係	自我、自大，易引來眾怒。宜進修學習
10.交易買賣	擇期另行交易，以免損失
11.貴人方位	西南南或正東之方位
12.失物找尋	找不回來，不用浪費時間

191

酉雞對子鼠　　佳人美酒	
1.工作事業	順利成長，一切在計劃範圍內
2.機會運勢	機會主動而來，宜好好把握
3.婚姻感情	前世修得好姻緣。恩愛、美滿
4.金錢財運	機會難得，財主動而來
5.出行旅遊	遇雨者要延後出發
6.官司訴訟	沒完沒了，糾纏不清。宜和解
7.身體健康	腎臟之疾、胸部、子宮腫瘤、肺積水。宜往東南南診治
8.求職異動	動能大展才華，受到重視
9.人際關係	魅力無窮，受到眾人擁護
10.交易買賣	客戶主動而來，但沒錢賺
11.貴人方位	東北東之方位
12.失物找尋	在鐵器旁、水果、金飾旁找，即可尋獲

酉雞對丑牛　投懷送抱

1. 工作事業	不可合資經營，會被架空
2. 機會運勢	自己讓自己受限。宜主動積極才能再創佳績
3. 婚姻感情	感情黏蜜，自己愛的較深
4. 金錢財運	不可往外投資，易血本無歸
5. 出行旅遊	受限、約束多、無法順暢，宜另擇期出發
6. 官司訴訟	身陷牢獄之災。和解為要
7. 身體健康	易頭暈、氣喘、肺部發炎。往西北西或東北東診治
8. 求職異動	以不動為佳，動了無法展現才華
9. 人際關係	相當投入，能考慮到別人的立場，有良好人脈
10. 交易買賣	受限，事與願違，白忙一場
11. 貴人方位	東北東之方位
12. 失物找尋	在家中較高點處，床櫃內

太乙

<table>
</table>

酉雞對寅虎　豐收得用	
1.工作事業	得到價值，身價非凡
2.機會運勢	天降福蔭，受到重視
3.婚姻感情	甜蜜快樂，幸福美滿
4.金錢財運	價值提升，獲利增加
5.出行旅遊	快樂出遊，又能滿載而歸，歡樂回航
6.官司訴訟	勝訴，時間、理由証明一切
7.身體健康	咳嗽、子宮肌瘤、手足受傷。往東南東診治
8.求職異動	動了提升被利用價值，快樂豐收
9.人際關係	能為團體創造價值，贏得好的人脈
10.交易買賣	順利如意，創造豐收
11.貴人方位	東南東之方位
12.失物找尋	在東北東或木器旁即可尋獲

酉雞對寅虎 豐收得用

酉雞對卯兔　現學現賣	
1.工作事業	能現學現賣，創造好價值
2.機會運勢	往外即能獲得好的機會
3.婚姻感情	給對方太大的壓力了，反而易弄巧成拙
4.金錢財運	能創造好機會、好價值
5.出行旅遊	出遊獲得好成果，快樂平安
6.官司訴訟	勝訴並能獲得財利
7.身體健康	肝肺功能差，宜往東北東診治
8.求職異動	異動好時機，創造好的勝利
9.人際關係	管得太多，無法得到認同，人氣不佳
10.交易買賣	順利快速，獲利佳，圓滿
11.貴人方位	東北東之方位
12.失物找尋	找不回。已損壞

酉雞對辰龍　狡兔三窟	
1.工作事業	有長輩緣，品牌形象好，穩定成長
2.機會運勢	出外逢貴，機會多、運勢旺
3.婚姻感情	感情黏蜜穩定，但互信不足
4.金錢財運	努力付出財運佳。投機易血本無歸
5.出行旅遊	賓主盡歡，意猶未盡
6.官司訴訟	難分勝負，以和為貴
7.身體健康	心肺功能差，手足易受傷。宜東北東診治
8.求職異動	異動創造好價值，努力可成功
9.人際關係	和合之氣，人氣旺，人脈廣，平易近人
10.交易買賣	三心兩意，無法速戰速決
11.貴人方位	東北東之方位
12.失物找尋	在家中的東南東或水缸旁、儲藏室內

酉雞對辰龍 狡兔三窟

196

酉雞對巳蛇　魅力迷人

1. 工作事業	能掌握好工作、好事業，創造佳績
2. 機會運勢	心想事成，圓滿順遂
3. 婚姻感情	魅力迷人，能讓對方投懷送抱
4. 金錢財運	順利圓滿，能創造好機會
5. 出行旅遊	氣候太炎熱，也易有變數，宜重新擇期
6. 官司訴訟	能獲得勝訴。但建議還是和解
7. 身體健康	心血管之疾、氣喘。宜往東北東診治
8. 求職異動	動者能掌握權貴，好好把握
9. 人際關係	人際魅力佳，能擁有好的人氣
10. 交易買賣	順利達成，利潤還算可以
11. 貴人方位	東北東之方位
12. 失物找尋	在明顯之處，東南南方找尋即可尋獲

197

酉雞對午馬　事業責任	
1.工作事業	責任壓力大，事業心強，宜聘請屬寅虎之人協助
2.機會運勢	運勢不如以前。壓力重重，可重新調整再出發
3.婚姻感情	對方給的條件負荷太大，一時自己無法調適
4.金錢財運	守成即可安康，不可輕舉妄動
5.出行旅遊	重新擇期為佳，因為變數太多
6.官司訴訟	敗訴。不可訴訟，宜和解
7.身體健康	心肺功能差、氣喘、胸悶。東北東診治
8.求職異動	守舊為要，變動前功盡棄
9.人際關係	人際差，受到諸多的打壓。宜透過寅虎之人協助
10.交易買賣	不順利、吃虧，不要交易
11.貴人方位	東北東之方位
12.失物找尋	找不回來了，乃東西已不見毀損了

酉雞對未羊　家庭壓力	
1.工作事業	事業不如以前，諸多壓力，無法有效發揮
2.機會運勢	時運不佳，等待機會，一躍上天
3.婚姻感情	對方太多的愛，反而讓自己招架不住
4.金錢財運	考驗不絕，難得順遂。宜找寅虎之人協助
5.出行旅遊	不宜外出，另擇期出行
6.官司訴訟	敗訴、損財。宜和解為要
7.身體健康	肺部、支氣管發炎，宜往東北東診治
8.求職異動	動之波難重疊，陷入困境，宜守舊
9.人際關係	不佳。事與願違，換團體可化解
10.交易買賣	十有九不成，無功而返。宜重新擇期交易
11.貴人方位	東北東之方位
12.失物找尋	已受損不見，不用在尋找了

酉雞對申猴　龍捲強風

1. 工作事業	外面環境多變，將付出更多的時間與體力
2. 機會運勢	外隱風波，應小心謹慎，始保安康
3. 婚姻感情	對方太過強勢，使自己煩憂懊惱
4. 金錢財運	無法掌握，內隱暗憂，不宜投機，以防損失
5. 出行旅遊	變數太多，天候又不佳，不宜出行
6. 官司訴訟	敗訴。易前功盡棄，損失，宜快速和解
7. 身體健康	咳嗽、支氣管虛。宜往西北西診治
8. 求職異動	利害混雜，否多泰少，不得時運，不宜變動
9. 人際關係	多說無益，此團體不適合你參與
10. 交易買賣	變通交易，以避免損失，枉費心機
11. 貴人方位	西北西之方位
12. 失物找尋	損壞不見，白忙一場，不用找了

酉雞對酉雞　自尋煩惱

1.工作事業	順遂熟悉，但常自尋煩惱。可找寅虎之人協助
2.機會運勢	力行不懈，豐收享成，能得成就
3.婚姻感情	自尋煩惱，只要透過溝通，即能有喜慶
4.金錢財運	努力積極，自然財源廣進
5.出行旅遊	心想事成，平安如意快樂
6.官司訴訟	平分秋色，不用白費心機，以和為貴
7.身體健康	腫瘤之疾，宜往東北北診治
8.求職異動	希望會落空，勞而無功，不宜改變現況
9.人際關係	自動可得好的人氣，透過經營，擁好人脈
10.交易買賣	平順，可照著理想進行，滿載而歸
11.貴人方位	東北東之方位
12.失物找尋	沒有遺失，在原處或西邊、金屬旁

酉雞對戌狗　遍地黃金

1.工作事業	豐收享成，遍地黃金，滿載而歸
2.機會運勢	滿山果實，積極努力，可享豐收
3.婚姻感情	福德星強，情投意合，春來見喜
4.金錢財運	甲寅、乙卯之日發福財旺多遂意
5.出行旅遊	開心無阻礙，重重財來喜悅順心
6.官司訴訟	有寅虎之人相扶持，能旗開得勝
7.身體健康	腫瘤之疾、肺部、支氣管發炎，往東北東診治
8.求職異動	動者落空，是非口舌，穩定可收成
9.人際關係	經營可成，方許遂心願，得人氣之扶持
10.交易買賣	財利豐盈，交易買賣兩相諧
11.貴人方位	東北東之方位
12.失物找尋	西北西或東北東之高處，即可尋獲

酉雞對亥豬　醃製蜜餞	
1. 工作事業	是非口舌最難防，不可激進免刑傷
2. 機會運勢	外在是非多，安身心、休妄動，辰來即可安
3. 婚姻感情	不得良緣，重新學習進修可轉和諧
4. 金錢財運	無法稱心，春來可轉豐收
5. 出行旅遊	在家為安，勿妄動可獲清閒
6. 官司訴訟	無法獲得貴人，宜儘速和解
7. 身體健康	糖尿病、尿酸、肺炎，宜往東南東診治
8. 求職異動	守成為要，不動可免災禍到
9. 人際關係	小人是非，白忙一場，宜轉換跑道
10. 交易買賣	買賣有差池，擇期免虧損
11. 貴人方位	東南東或東南南之方位
12. 失物找尋	無法找回，已損壞，不用枉費心機

戌狗對子鼠　理財投資

戌狗對子鼠　理財投資	
1.工作事業	旺盛如意，順心應手，春來更旺，多學習更能成長
2.機會運勢	身旺財旺，一切順心利益增
3.婚姻感情	喜從天降，樂盈盈，稱心如意
4.金錢財運	逢財多利益，宜置田產更遂心
5.出行旅遊	吉星高照，平安遂心
6.官司訴訟	雖可獲勝，但一切以和為貴
7.身體健康	結石、多尿宜往東北東診治
8.求職異動	動者有財進，陞遷有喜悅
9.人際關係	團聚合意好人氣，互相扶持財利多
10.交易買賣	此數買賣得遂心，利多笑顏滿面
11.貴人方位	東北東之方位
12.失物找尋	往北找，即能找回，或在水邊旁

戌狗對丑牛	定存財物
1. 工作事業	積極熱誠，可得到成功的果實
2. 機會運勢	開創時機最適宜，運到福到
3. 婚姻感情	不可多猜疑，誤會化解要和氣
4. 金錢財運	否極財來，遂心財到
5. 出行旅遊	出門謹慎會順心，得財喜歡樂
6. 官司訴訟	平分秋色，雖最終能冰消瓦解，但以和為貴
7. 身體健康	胃潰瘍、結石，宜往東北東診治
8. 求職異動	認真用心，堅定往前，可獲財喜
9. 人際關係	不可太過我執，即能獲得好人際
10. 交易買賣	交易喜逢合易人，財旺喜氣
11. 貴人方位	東北東之方位
12. 失物找尋	在東北北的鐵櫃內

太乙

戌狗對寅虎　事業有成

1. 工作事業	穩定成長，變化不大，事業有成
2. 機會運勢	順遂，心想事成，寬心自在
3. 婚姻感情	門風相對，穩定美滿
4. 金錢財運	豐收可期，財運到來有利賺
5. 出行旅遊	出行順遂，但猜疑多，無法放下心情
6. 官司訴訟	官司纏身，無法脫身，想辦法和解
7. 身體健康	胃虛、皮膚乾裂，往南診治
8. 求職異動	變動更能獲得權利，即將豐收
9. 人際關係	人氣旺，人脈佳，官星顯耀
10. 交易買賣	買賣利潤尚可，意合都歡喜
11. 貴人方位	正南之方位
12. 失物找尋	往東北東或木器旁

戌狗對卯兔　　掌控自如	
1.工作事業	新興事業，掌控自如
2.機會運勢	雖然重新而來，但可獲得佳績
3.婚姻感情	給對方機會，就是給自己成長
4.金錢財運	投資短期不利，中長期佳
5.出行旅遊	遂心如意，快樂又有豐收
6.官司訴訟	官符上身，宜和解
7.身體健康	胃潰瘍、膽瘜肉，往東南南診治
8.求職異動	動者雖然重新而來，但可獲得實權、名利
9.人際關係	穩定進步成長中，積極可成
10.交易買賣	穩定歡喜，利潤還可以
11.貴人方位	東南南之方位
12.失物找尋	積極往東找或床旁

太乙

戌狗對辰龍　雲霄飛車	
1.工作事業	受限阻礙不宜投資，高低起伏大，春來有成
2.機會運勢	機會到來，但不宜對外投資，一去不回
3.婚姻感情	觀念差距大，透過溝通可化解
4.金錢財運	財鬼重重有虛空，財運不如前
5.出行旅遊	有山難，不宜外出，另擇他日
6.官司訴訟	損財了事，低調為宜
7.身體健康	皮膚炎、胃潰瘍，往東南南診治
8.求職異動	動者有機運，可重新佈局
9.人際關係	捨得付出，得到諸多的人脈
10.交易買賣	不平等的交易，損財，能放棄為佳
11.貴人方位	東北東之方位
12.失物找尋	損壞，難找回了

戌狗對辰龍　雲霄飛車

戌狗對巳蛇　　資政顧問	
1.工作事業	前景亮麗，名利雙收
2.機會運勢	大人扶持，光明坦途，名揚四海
3.婚姻感情	情投意合，魅力四射
4.金錢財運	名利俱佳，遂心如意
5.出行旅遊	一切在預期之內，快樂順利
6.官司訴訟	勝訴。貴人加持，圓滿順心
7.身體健康	視力不佳，大腸瘜肉。往東診治
8.求職異動	動者掌握權貴，一枝獨秀
9.人際關係	名揚遠播，人氣旺盛
10.交易買賣	交易順利，利潤佳，價值高
11.貴人方位	正東之方位
12.失物找尋	在家中的西北西之位或高櫃處

戌狗對午馬　投資房產

1. 工作事業	聲名遠播，蒸蒸日上	
2. 機會運勢	運勢旺盛，自來得利，旺相臨門	
3. 婚姻感情	互助和合，恩愛幸福，自有好緣到家來	
4. 金錢財運	財神從天而降，宜努力積極迎接	
5. 出行旅遊	賓主相投多遂心，快樂出遊平安歸來	
6. 官司訴訟	訴訟臨應喜勝訴，但還是低調為宜	
7. 身體健康	腎水不足，心血循環差	
8. 求職異動	不宜守株待兔，積極努力喜迎新，動者旺	
9. 人際關係	心想事成人氣旺，歡樂得財人脈廣	
10. 交易買賣	交易求財許成交，利旺喜氣錢財豐	
11. 貴人方位	東北東之方位	
12. 失物找尋	在家中的高櫃處，或往西北西位找	

戌狗對未羊　土地開發	
1.工作事業	低調吉利昌，投資失金錢
2.機會運勢	機會到來，往外求得好前景
3.婚姻感情	多給對方甜言蜜語，可得好姻緣
4.金錢財運	不如以前，防變動投資易財損
5.出行旅遊	能改變思維，獲得知識，增廣見聞
6.官司訴訟	敗訴。訴訟難遂心，損錢連連
7.身體健康	結石、腎水虛、腫瘤，宜往東北東診治
8.求職異動	異動之後更有機會，只是不宜投資金錢
9.人際關係	懂得付出，得到諸多的好人際關係
10.交易買賣	無法順遂，虧損。宜另擇期交易
11.貴人方位	東北東之方位
12.失物找尋	剝落遺失，無法找回

戌狗對申猴　軍師幕僚	
1. 工作事業	能充分授權，展現魄力，穩定成長
2. 機會運勢	運勢旺盛，魅力無窮
3. 婚姻感情	黏蜜，互動好，真是天作之合
4. 金錢財運	財運蒸蒸日上，機會佳，財運重重
5. 出行旅遊	出行利多大吉昌，快樂好商量
6. 官司訴訟	兩敗俱傷，宜和解為貴
7. 身體健康	小心骨折意外之傷，宜往東方診治
8. 求職異動	異動多利好時間，積極行動財利佳
9. 人際關係	往外見貴，獲得好人氣
10. 交易買賣	順利如意，滿載而歸
11. 貴人方位	正東之方位
12. 失物找尋	轉角處可找回。在西南西位

戌狗對酉雞　佈施財物	
1.工作事業	保守為宜，擴大不安有災
2.機會運勢	旺者而衰，四時之輪替，保守為要
3.婚姻感情	給對方太多的關懷，反而造成對方的壓力
4.金錢財運	投資不利，損財難免
5.出行旅遊	掃興而歸，不如在家休息
6.官司訴訟	敗訴不利。宜和解為佳
7.身體健康	腫瘤纏身，宜往東北東診治
8.求職異動	動者災禍致。守舊好收成
9.人際關係	人氣衰退，未能稱心，低調行事，重新出發
10.交易買賣	重新擇期另行交易，免白忙一場
11.貴人方位	東北東之方位
12.失物找尋	損失遺落，無法找回，不用浪費時間了

戌狗對戌狗　印鈔機器	
1. 工作事業	順心如意。雖沒有進展，算是穩定
2. 機會運勢	還沒進展，守舊可順心
3. 婚姻感情	少了甜言蜜語，主動出擊，即可稱心
4. 金錢財運	財運佳、機會旺，就是守不住財，可學理財課程
5. 出行旅遊	謹慎小心得安康，小心跌傷
6. 官司訴訟	旗鼓相當，訴訟無益，不如和解為貴
7. 身體健康	不良於行，腫瘤。宜往東北東診治
8. 求職異動	沒有進展，守舊免煩心
9. 人際關係	人際互動佳，互謀其利，可多學理財課程
10. 交易買賣	平等交易，順利，財利豐盛
11. 貴人方位	東北東或正東之方位
12. 失物找尋	沒有遺失，放在原處，西北西之處

戌狗對亥豬　離家出走

1. 工作事業	一直在衰退中，保守為宜，可找午馬之人協助
2. 機會運勢	不如以前，可往正南方求得貴人
3. 婚姻感情	互信不足，無法暸解對方，往南可求得良緣
4. 金錢財運	失財、損財。被眼前利益迷失，宜學習理財課程
5. 出行旅遊	宜另擇期出發，免得掃興而歸
6. 官司訴訟	敗訴、損財。找理由脫身或和解為宜
7. 身體健康	腎臟、心血管之疾，眼疾。往南診治
8. 求職異動	動者不安，守舊得安泰
9. 人際關係	愁悶煩心，不如改換團體
10. 交易買賣	無法掌握，財損。不要交易
11. 貴人方位	正南之方位
12. 失物找尋	在外遺失，找不回來了

亥豬對子鼠　招兵買馬

1.工作事業	重整旗鼓，短時間無法獲利
2.機會運勢	機會多，但以守舊為宜，乃易白忙一場
3.婚姻感情	恩愛黏蜜，志向道合
4.金錢財運	人氣旺，財運不佳。往南找機會
5.出行旅遊	盡興而歸，快樂稱心
6.官司訴訟	拖延過久，無法得財，還是以和為貴
7.身體健康	心血管之疾，眼疾、腹瀉，宜往南診治
8.求職異動	異動者易同流合污，無法獲得更好的利益。宜守舊
9.人際關係	人氣旺盛，人緣佳，就是不宜談到錢財
10.交易買賣	買賣順利，但無利潤可言
11.貴人方位	正南或西南南之方位
12.失物找尋	無法找回，不用白費心機了

亥豬對丑牛　　三思後行	
1.工作事業	事業旺盛，並且能思考後再出發
2.機會運勢	運勢受阻，無法發揮，宜往南可找到機會
3.婚姻感情	雖是阻礙多，但卻是甜蜜的負擔
4.金錢財運	無法獲得，宜往南或找午馬之人增加機會
5.出行旅遊	外出阻礙重重，宜在家休息
6.官司訴訟	敗訴又損財，以快速和解為宜
7.身體健康	腎虛、子宮腫瘤，心血不足，宜往南診治
8.求職異動	變動反而阻礙多，守舊為宜
9.人際關係	人緣不佳，宜往南重新開闢人脈
10.交易買賣	受到阻礙，無法順利交易
11.貴人方位	正南之方位
12.失物找尋	重物壓住，在東北北之位

亥豬對寅虎　罪魁禍首	
1. 工作事業	屯住不前，無法發揮，宜找午馬協助
2. 機會運勢	不可坐以待斃，宜積極主動化險為夷
3. 婚姻感情	甜蜜但不積極，積極熱情轉化或找午馬之人轉化
4. 金錢財運	朝榮夕斃，富貴無常，往南可化解
5. 出行旅遊	思鄉、顧家，無法放鬆出遊，不如在家
6. 官司訴訟	受困、拖延過久，無法快速。和解為要
7. 身體健康	慢性病多，宜多運動化解改善，並往南診治
8. 求職異動	守舊為宜，動者受困，阻礙發展
9. 人際關係	人際互動佳，但無法獲得事業或財運之助力
10. 交易買賣	困住受限，無法順利買賣。找午日
11. 貴人方位	正南之方位
12. 失物找尋	沒有遺失，在家的東北東，已受潮

亥豬對卯兔　才華洋溢

1.工作事業	才華洋溢，順利發展
2.機會運勢	主動出擊，贏得更多的機運
3.婚姻感情	對對方太多的關愛，卻反造成對方的壓力
4.金錢財運	財運旺盛，主動更能得財利
5.出行旅遊	快樂出遊，財名雙得
6.官司訴訟	牽絆多，無法快速結案。和解為要
7.身體健康	手腳濕疹，肝炎，往東南南診治
8.求職異動	異動財旺，積極有衝勁
9.人際關係	人際旺盛、人氣不佳，宜謙卑低調行事
10.交易買賣	主動可成，獲利佳
11.貴人方位	東南南或正南之方位
12.失物找尋	沒有遺失，但已受潮損壞，在東邊

亥豬對辰龍　自我設限	
1.工作事業	為工作事業全心投入，自我設限多
2.機會運勢	不要自我設限，積極努力可脫困
3.婚姻感情	為愛全心投入，卻造成對方的壓力，反成阻礙
4.金錢財運	鴻運當頭，求財不顧一切，積極努力。不可投資
5.出行旅遊	出外受限多，常為事業煩心，無法放鬆，建議放棄，另擇期出發
6.官司訴訟	受限阻礙多，無法獲得勝訴
7.身體健康	胃潰瘍、胃酸過多，糖尿病，宜往南或東南南診治
8.求職異動	不可異動，守舊為宜，動者受限、阻礙多
9.人際關係	願意投入團體，卻也讓周遭人感到疲憊不堪
10.交易買賣	雖然自我受限多，但獲利豐收。不可買進
11.貴人方位	東南南或正南之方位
12.失物找尋	難以找回，巳或午日等待奇蹟，重新尋找

亥豬對巳蛇　重見光明

1.工作事業	一片坦誠，找回希望，蓬勃而成長	
2.機會運勢	獲得好時機，遠離了寒冬，光明到來	
3.婚姻感情	執意找回真相，反無法獲得良緣	
4.金錢財運	重見光明，財運到來，名利雙收	
5.出行旅遊	出外謹慎小心，能順心如意，快樂得財	
6.官司訴訟	能獲得勝訴，真相大白	
7.身體健康	小腸吸收不良，眼壓高，宜往南診治	
8.求職異動	動者有財，名聲遠播	
9.人際關係	太多的意見，無法受到大家的認同	
10.交易買賣	快速成交，利潤可觀	
11.貴人方位	正西或正南之方位	
12.失物找尋	在東南南之位或火爐旁、電腦旁	

亥豬對午馬　理財高手	
1.工作事業	大發利市，成長快速
2.機會運勢	好好把握，天賜良機，運程順遂
3.婚姻感情	找回真愛，天賜良緣，和合之氣
4.金錢財運	理財高手，名利到來，不勞而獲
5.出行旅遊	得財得利，賓至如歸
6.官司訴訟	雖然能獲得勝訴及金錢，但易拖延過久，無法速結
7.身體健康	心血循環差、頭痛。宜往西南南診治
8.求職異動	異動能獲得財利及名份，積極可成
9.人際關係	主動積極，受到諸多的好評，也因人氣得財
10.交易買賣	稱心順利，獲利佳，一切在預期中
11.貴人方位	西南南或正西之方位
12.失物找尋	沒有遺失，在正南方之位

亥豬對未羊　行兵作戰

1. 工作事業	掌控自如，做事業駕輕就熟
2. 機會運勢	財旺、事業旺、運勢旺，如意順利
3. 婚姻感情	太在意對方，不可給對方太多的壓力
4. 金錢財運	隨手可得，積極執行，錢財自來
5. 出行旅遊	一切順遂平安，快樂歸來
6. 官司訴訟	旗開得勝，理由充足，勝訴
7. 身體健康	胃潰瘍、胃酸過多、腎臟之疾。宜往南診治
8. 求職異動	大好時機，異動可掌握到財官之氣
9. 人際關係	能主動參與人際活動，謹記不可太自大，宜謙卑
10. 交易買賣	順利進行，能名利雙收，交易稱心
11. 貴人方位	正西或正南之方位
12. 失物找尋	粗心大意，在西南南之位，已難以找回

亥豬對申猴　暗無天日	
1.工作事業	魅力十足，相當有魄力，防粗心大意而自誤
2.機會運勢	執行力強，運勢機會好，防一意孤行
3.婚姻感情	太過直接，少了浪漫，宜多點甜言蜜語
4.金錢財運	低調可得財，高傲自滿財運不佳
5.出行旅遊	宜小心謹慎，免得樂極生悲。建議另擇它日
6.官司訴訟	勞民傷財，宜以和為貴
7.身體健康	糖尿病、腹瀉、神經痛之疾，宜往東南東診治
8.求職異動	動不如守，不動可保權貴，動者不安
9.人際關係	宜低調行事，即能獲得好人氣
10.交易買賣	太過隨性，易造成損財，宜慎重
11.貴人方位	東南南或南之方位
12.失物找尋	東西損壞了，已找不回來了

224

亥豬對酉雞　　不安於室	
1. 工作事業	太過於自信，卻引來損耗的現象，宜低調行事
2. 機會運勢	機會多，不可過於衝動，易產生反作用
3. 婚姻感情	多點溫柔、多點呵護，才能有美滿的結果
4. 金錢財運	雖然不滿意，但還可過得去。多點熱情可有財利
5. 出行旅遊	成事不足，敗事有餘。建議另擇期出行
6. 官司訴訟	受限，無法有足夠的理由，敗訴。宜和解
7. 身體健康	子宮發炎，心血管之疾。宜往東南東診治
8. 求職異動	安定就好，不要變動，動者前功盡棄
9. 人際關係	主觀太重，人氣不佳，宜重新修護人際關係
10. 交易買賣	太過急促，反成破局或虧損。可另擇辰日進行
11. 貴人方位	東南東之方位
12. 失物找尋	難以找回，損壞了

225

亥豬對戌狗 努力不懈

亥豬對戌狗　努力不懈	
1. 工作事業	多些思考，才能帶來好事業
2. 機會運勢	可讓自己冷靜後再出發，免得誤判情勢
3. 婚姻感情	雖然有些阻礙，但可證明你是一位努力不懈的人
4. 金錢財運	設限多、阻礙多，可用熱情化解困境
5. 出行旅遊	無法快樂喜悅，不如另擇期出發
6. 官司訴訟	敗訴，有牢獄之災，宜和解為要
7. 身體健康	手足易受傷，意外之災。宜往南祈福
8. 求職異動	動者受限，不動為妙，留在原單位為佳
9. 人際關係	透過熱情、活躍，可解決人際的困境
10. 交易買賣	無法順利交易，雙方不能達到共識
11. 貴人方位	正南之方位
12. 失物找尋	放在西北北之高處或鐵櫃內

	亥豬對亥豬　風雲變色
1.工作事業	沒有進展、穩定。往南找員工，有輔助之作用
2.機會運勢	出外逢貴，但沒有更提升，心情不佳
3.婚姻感情	主動積極，就是少了熱情，可用熱情帶動氣氛
4.金錢財運	水旺沒有財，不當洩洪，造成財物流失
5.出行旅遊	志同道合朋友多，旅遊愉快，防水厄
6.官司訴訟	沒有進展，拖延過久，損財，宜和解
7.身體健康	腎臟、心血管之疾。宜往南診治
8.求職異動	異動沒有任何進展，不如守舊為宜
9.人際關係	能擴展人脈、理念相同，人氣旺
10.交易買賣	交易快速，但無法獲利，擇午日能見財
11.貴人方位	正南之方位
12.失物找尋	沒有遺失，在原處或西北北之位

亥豬對亥豬　風雲變色

四季之生剋

太陽賦予能量普照大地，讓大地產生生機盎然(火生土)，花草樹木蓬勃而生(火生木)，使大海、湖泊產生水蒸氣、雲霧、風、氣流(火生金)，而使水產生水循環，將不能用的水轉變為可用的水(火生金)，辛金又轉變為水，也讓火更炎熱，所以太陽火是五行木、火、土、金、水的能量來源，有了太陽火，生命才因此開始。樹木長大結成甜美果實(木生金)

生：是生命的開始

生賦予能量，使對方成長

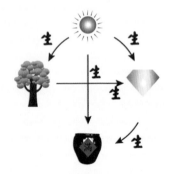

剋：是生命的延續、再造

剋使對方受限、壓力、
　　　破壞、毀滅

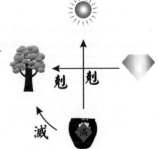

生是生命的開始，那麼剋就是所有生命的延續、再造。太陽遇到晚上功成身退，退居幕後（水剋火），到了早上太陽又重新昇起。樹木長大結成甜美果實（木生金）

　　樹木到秋天結成果實，樹的機能下降、受傷了（金剋木），果實豐碩，內有果子重新播種、成長。寒冬之水生木，造成木的傷害（水滅木）、停滯，明天早上太陽生木又讓木蓬勃而生。

　　因此五行在生生剋剋的循環當中，造就一切的有形與無形之能量、質、氣產生。

十二生肖地支之陰陽

子鼠屬冬水為陰
丑牛屬凍土為陰
寅虎屬寒木為陽
卯兔屬春木為陰
辰龍屬春土為陽
巳蛇屬夏火為陽
午馬屬夏火為陰
未羊屬夏土為陰
申猴屬秋金為陽
酉雞屬秋金為陰
戌狗屬秋土為陽
亥豬屬冬水為陽

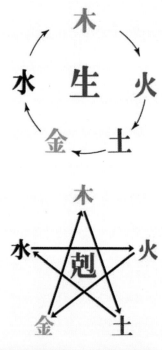

傳統五行之生剋

十二生肖地支特性簡介

子鼠： 為後天坎卦位，寒冬
十一月的水，此水天寒地凍無法
產生益木之功，反而會使木生機
受限，無法蓬勃而生，是水來滅
木之性，為十二長生胎位，孕育
一陽之氣。

子鼠代表智慧、言語、靈感、機智、雨露、機靈、
知識、記憶，為申猴（颱風）帶來的雨水，也為
晚上的雨水。代表天干癸水之屬性。

丑牛： 為土，後天艮卦位，
寒冬的冰山，萬物不生，為季冬
十二月，冰天雪地有冬藏、收
藏、保存之意。秋收之果實在此
冬藏入庫，為萬物之終，為凌晨
一～三點。也為十二長生的養
位。

丑牛代表穩定、不變、思考、踏實、堅持、收藏、
固執之高山土。雖然為十天干己土，卻有十天干
戊土之屬性。

寅虎：為木，為後天艮卦位，寅時為早晨三點至五點，為春天之氣形成，剛經歷過嚴冬丑牛土而成的木，因此見此寅虎木之人，其一生必會經過死裡逃生之事件，乃寅虎必須從丑土破土而出，是經過險境而來與格局高低沒關係。

寅虎為孟春為播種、耕耘、一切計畫的開始，一年之計在於春，也為十二長生的長生之位。為十天干的甲木。

卯兔：為後天震卦位，仲春之季，枝葉茂盛的花草、樹木，為小花草、藤蔓，其根入土淺，也代表樹葉，代表著天干甲、乙木的根，也為十二長生的沐浴位。

卯兔代表計劃進行中、行動快速、溫度升高、穩定、快速成長也富有開創進行之意，為十天干乙木的屬性。

辰龍：為後天的巽卦位，為土，

季春之時，時令三月，陽體陰用，能蓄水的大水庫，為地網(戌狗為天羅)、為收藏水資源的水庫；將過多或過旺的水儲備、儲藏，以利灌溉農作物、樹木、花草及民生所需。也為十二長生冠帶位。

辰龍代表計劃進行的觀察、接納收藏、歸納、儲備，也為機會點，有等待、守株待兔之意，為十天干戊土為水庫之屬性。

巳蛇：為後天巽卦位，為火，

巳時為早上九～十一點，此時太陽煦煦高掛在天空，也代表孟夏，為初夏之意；庚金之氣長生在巳，陽光、能量、溫度一直在加溫，花草樹木也開始成長茁壯，百花齊艷，乃傳播之氣庚金的形成，也代表風、氣流的形成。也為十二長生的臨官位。

巳蛇代表努力、進行、付出、積極、表現、熱情、愛心、太陽、活耀。富有耕耘，為十天干丙火的屬性。

午馬： 為後天離卦位，為火，
中午十一點至下午一點，艷陽高
照、日正當中，為太陽所留下的
高溫，此高溫利於花草快速成長，
也為十二長生的帝旺位。

午馬代表積極的行動、努力的表現、溫度高，做
事直接、主動熱情。富有積極耕耘、為十天干丁火
的屬性。

未羊： 為後天坤卦位，為土為夏
季之土，為西南之土，易理云：「東
北喪朋，西南得朋。」代表 西南
之土，為利於花草樹木快速成長的
土壤，八字中遇未土因機會多，易
有短暫迷失之象，為十二長生的衰
位。

未羊代表平地、機會多，提供得財機會給寅虎與
卯兔，財只進不出，有收藏、穩定、思考、煩燥、
平易近人，人際關係佳。富有極大的不安感，屬
十天干己土的屬性。

申猴：為後天坤卦位，為金，時令七月，孟秋未成熟之果，也為強風，替天行道肅殺之氣的庚金；此月颱風特別多，樹木將承受狂風的考驗，以驗收樹木之能力，有將軍之魄力，勇往直前也為十二長生的病位。

申猴代表行動、魄力、肅殺、破壞、掃除、積極、直接、企圖心強、溫度高。富有即將收成之意，為十天干庚金之情姓。

酉雞：為後天兌卦位，為金，為仲秋八月份，西方之氣、為兌卦、太陽於此時即將下山，結束一天辛勤的工作為下午五時至七時，在此得到薪資、充滿喜悅，為悅之象，為秋季成熟豐收的甜美果實。也為十二長生的死位。代表休息之意。

酉雞代表安逸、享成、豐收、喜悅、華麗收斂之氣、執著、休息，喜歡浪漫。富有收成之意，為十天干辛金之情性。

戌狗：為後天乾卦位，為土，天羅之意，是在抓其太陽的地支，丙火見戌土，太陽在此盡失光明，庚金見戌，易不見其魄力，所以丙、庚同避於戌土之中。為十二長生的墓庫位。

戌狗代表思考、穩定、不變，也為踏實忠懇、堅持、收藏、固執。富有守成 之意。為十天干的戊土之情性。

亥豬：為後天乾卦位，為水，為流動、寒冷、黑暗、主動、侵伐性的水，為海水，此水具有破壞性，易傷乙、卯、己、未、丙、巳、丁、午之干支，也為 十二長生的絕位。

亥豬代表變動、侵伐、滲透、積極、主動力、破壞，不經思考之行動。富有侵略之意，為十天干壬水之情性。

十二生肖地支代表的環境類化取象

子鼠屬水類化取象：

代表池塘、水滴、雨露、下雨、加水站、冷飲店、水蒸氣、漏水處、冰水、清涼的水、暗溝、小偷、鬼魅、記憶卡、低陷處、毛筆、字畫、補習班、棋藝、醫藥、毒液、靜態的水、內勤人員。

丑牛屬土類化取象：

偏僻地方、人煙稀少、山丘之地、高突處、墳墓、冷藏之地、結霜之山、櫃子、衣櫃、櫥櫃、冰箱、冰櫃、結構體、結晶體、模具、農舍、醫院、稀有的一切人事地物。

寅虎屬木類化取象：

盆栽、桌椅、大的木製傢俱、大樹木、園藝店、公園、路燈、電桿、果樹、森林之地木屋、木地板、木板、書籍、長銷書、圖書館、書局、小兒科、婦產科、指標性建築、學校、貓。

卯兔屬木類化取象：

小盆栽、小桌椅、植物、茶樹、藤類植物、瓜菓、文書、合約、企劃案、診所、花藝店、畫廊、小傢俱、書本、契約、開創、週刊、暢銷書、漫畫書刊。

辰龍屬土類化取象：

低窪之處、地下室、地下通道、地下停車場、水庫、漁池、水池、田園、熱鬧之地、稻田、店面、銀行、金庫、保險箱。

巳蛇屬火類化取象：

昆蟲、草繩、飛機、飛鳥、飛蛾、最快的驛馬、太陽、大廟、公家機關、公共場所、客廳、螢光幕、宗祠、能源、火爐、廚房、炎熱之處、大火、廣告招牌、美麗之地。

午馬屬火類化取象：

投射燈、熱爐、宮廟、便利超市、槍砲、香火、神主牌位、火爐、香爐、電鍋、能源傳輸、供應地，液晶電視、電訊、資料。

未羊屬土類化取象：

土地廟、萬應公、宮廟、熱鬧之地、曬稻場、廣場、加油站、菜市場、店面、小廟、床、衣櫃、田園、土地公、印鈔機、人口聚集之處、箱子、櫃子、抽屜。

申猴屬金類化取象：

神明、佛具店、神像雕刻、電源、電線、水源、水井、鐵皮屋、汽車修護廠、鐵器、鐵塔、電塔、鐵軌、鐵櫃、鐘聲、風聲、訊息、電話、電信、傳播之氣、刀、劍、行動力。

酉雞屬金類化取象：

低陷、沼澤之地、池塘、果樹、果園、水果、美酒、廚房、黃金珠寶、化妝品、美白、五金物品、金屬製品、小刀器、小飾品、珠寶、仙佛菩薩、骨骸、廣播器、喇叭、靈骨塔、墳墓。

戌狗屬土類化取象：

高樓大廈、高大建築、山上修行場所、山坡地、電鐵塔、城牆、高突之地、別墅、宮廟、舞池、舞台、醫藥、火爐、電器用品、城隍廟、萬應公。

亥豬屬水類化取象：

競爭之地、演練、操兵、領兵、盜寇、小偷、河流、湖泊、水患、瀑布、水圳、貿易、海洋、海運、急流、侵伐、業務員、通勤、汽車、運輸、地面上有速度的人、事、物。

以上十二生肖地支代表的環境類化取象，可用於論斷環境、人物特性及地點。比如說問買房子，結果第二張牌卡出現未羊，代表房子旁邊有小廟或菜市場旁，也可代表此房子有整理過的，乃裏面有存放櫃子、衣櫃。

十二地支、生肖代表的意涵延申

(此章節由沈芳晴老師與謝銘晃老師筆錄提供)

子 (23-01)：癸

代表：老鼠。高容量記憶體、寒冷的冬天。五行屬陰水。

子月：代表寒冷之季、陰濕、陰暗，萬物進入冬藏，子時。

情性：

◎地支子為12生肖中的老鼠，也為十天干的癸水，癸來自於天上的雨露，所以子水之人很聰明，能夠過目不忘，懂很多小技巧，也代表不會流動的靜水，要遇到『亥豬』才會動，而在天干的癸水是會流動擴散的動水，乃屬雨露之水。子水沒有一定的軌道、方向，而亥豬之水有一定的軌道在流動。

◎子鼠一陽初生，陽氣形成，天干辛金長生在子，所以在子時會生成雲霧(辛)。

◎子時晚上11時至凌晨1時一定沒有太陽，整個黑暗。子鼠之人聰明機靈、很有智慧、伶俐、多思多慮，精明能幹，警覺性強，善於掩護、保護自己，有時顯得有些反覆多變，常會猶豫不決。

◎子月一定會冷，因為在農曆 11 月份，但還是會有太陽。子鼠以火為財星，子鼠在寒冷之季，喜歡火的能量，所以絕對不是老鼠見光死，因而子鼠重視物質、錢財，但絕對不是守財奴，當花則花、當省則省、當用則用。

◎子鼠、亥豬雖然於時辰都為晚上無太陽之情性，但卻喜歡火的能量，讓一切攤在陽光下受人檢示，也代表名楊天下，得到金錢、利益、物質，當然也是得到了知名度之象。

◎子鼠之水較不按理出牌，不喜歡照著規矩、制度行事，喜歡出奇不意，而亥水雖然有侵伐性，但會照著固定的制度行事。

◎子鼠屬水，自然界的水是經過太陽照射(丙)產生雲霧(辛)，聚集合化成癸水，下雨落到地面上，最後流到河流(壬水)，形成水循環。子鼠之水也是透過水循環而成，所以子鼠之人幼年時運勢較差，但很孝順，善於社交和掩飾自我的佔有慾及容易妒嫉的一面，常有標新立異的行徑，主觀意識相當強，也很機警、多智之人。

◎子鼠之人注重感覺但不注重品質，喜歡引人注目，善於表現，喜歡無拘無束的生活，崇尚自由，人緣桃花旺，尤其是男性，大部份都相當多情、有趣幽默。生肖中，子鼠、卯兔、午馬、酉雞都屬於人際、人緣桃花之星，有此，人際旺、人緣佳，也善於交際。

◎當子鼠遇到午馬或巳蛇之火，此是代表我掌控了財，子鼠之水以火為財之故，但如主體為午馬遇到子鼠之水時，反成水來滅火。午馬之火以子鼠為七殺，七殺即是一種破壞力，讓午馬因七殺的事業惹上官訟是非，身敗名裂。

所以主體為陽，客體為陰，各司其位，吉凶因主體而起，因客體而定。

丑 (01-03)：己、癸、辛

代表： 牛、寒冬中凍結的冰、佈滿霜雪的高山之象。五行屬陰土陽用。

丑月： 代表凍結之氣，氣而乾燥寒冷，萬物不生，蟲蛇進入冬眠。

情性：

◎ 丑為12生肖中的牛，也為十天干己土的体，但真正在用時為戊土的情性，乃高山之土，是萬物的終點，會反射紫外線，所以丑牛之人，十分固執、保守、十分謹慎馴良、不願改變，很討人喜歡，可以忍受任何外來的困難及壓力。於季節中，丑月一定是寒冷，所以會傷到卯、辰、乙。

◎ 丑牛特性：勤勞節儉，韌性強，有獨力的特性，富恆心、毅力，但又有點頑固，凡事都能在契而不捨的努力下，完成任務。

◎牛為冰雪凍結的山，會融化的冰山，所以用「己」代表，冰雪會有軟化之作用，遇到午馬、未陽、戌狗溫度就會融化成子水、癸水，而丑牛就像冰箱要存放種子和果實(辛、酉)，因丑牛會凍結水，而丑牛以水為財，代表懂得精打細算。

◎丑牛生人個性直率、剛強、有正義感,常打抱不平,會吃力不討好,容易得罪人,不怕吃苦、穩健踏實、做事認真。

◎於環境上丑牛表示偏僻、人煙稀少、草木難以生存的修行之地。丑代表原始尚未開發的土地,也為萬物之終亦為始點。

◎象中有子丑合者,表示冰凍之象,與人之間的相處,則態度冷淡。若為貨物貿易,則買賣屯住,無法順利。主體子鼠時怕遇丑牛,會有凍結之象,但主體為丑牛時(丑牛以子水為財),遇子鼠反而是財入庫,守財之象。

◎丑牛之人好奇心重、行事果斷、膽子大,自信心強、愛面子,但愛鑽牛角尖,喜歡追根究底、目光淺短、以看的到為憑,個性現實,沒有心計、容易上當、受騙。

◎出生八字 子鼠與丑牛合的人，受傷的疤會有突出隆起之外觀，因為水結冰會隆起。但是若有流血的話，也流的不多，因為血會屯住，也有可能是內傷。若在火旺的日子受傷流血的話，反而會血流不止，乃丑土的冰凍被溶解。

◎丑月生之人較講究清規戒律，較不容許越己的範圍，有結冰、凍結之象，所以要學著接受、吸收多元化的知識及不同的意見想法和嘗試改變，將能為自己創造財富。

◎丑牛遇巳蛇太陽火，只感受到溫暖，巳蛇無法改變丑牛。丑牛遇午馬之能量、溫度，才能融化丑牛冰凍的山。

◎丑牛遇未羊之土，也是能改變丑牛的溫度、想法，改變堅持，並釋放出財星出來。

◎丑牛遇戌狗之土，兩者之比較，當然戌中有丁的高溫，丑牛自己也會改變自己的思想，因為戌狗融化、改變了丑牛。

寅 (03-05)：甲、丙、戊

代表：虎、春天的氣，有開創之特性，三陽開泰。
　　　五行屬陽木。

寅月：代表正月，溶雪季節，山區地震，樹木即
　　　將脫胎換骨。

情性：

◎寅為12生肖中的老虎，也可代表為十天干之首甲
　木，其特性喜歡當老大，很活潑、愛表現、慾望強、
　野心大、愛掌權，觀察力與實踐力強，喜歡冒險、
　創業，個性霸氣、好勝不服輸，善於把握機會，不
　安於現狀，迎接新的挑戰。

◎寅虎代表高山上的大樹(甲木)，透過太陽(丙火)
　普照大地將冰融化露出了高山(戊土)，寅本身可
　代表為無枝葉的樹幹或參天大樹，當然也為指標性
　之人、事、地、物的代表。

◎寅虎代表著春天的氣息，有破土而出的企圖心。八
　字中寅日較為積極，但八字中若是在寅時反而表示
　企圖心較低，但穩定性比較高，因為寅時仍為早辰
　3點至5點，還在寒氣，企圖心沒有寅日的高。所
　以任何一個天干、地支在不同的四柱宮位或主客體
　不同，即會有不同的能量出現。

◎四驛馬地：寅虎、申猴、巳蛇、亥豬。

驛動程度：

巳蛇為忙碌的太陽，最為忙碌。其次申猴狂風，有執行力及行動力，有瞬間的情性。排行第三的為亥豬，流動的水，淵遠流長，具有執行力與行動力，亥豬從戌狗而來，也具有侵伐性的水流。排行第四的、最沒有行動力的為寅虎，乃經寒冬破冰土而來的樹木，在穩定中而成長的大樹，擁有堅韌的意力，而沒有速成之功。

◎寅為萬物之始，如同發芽的種子往上長，上頂一層黃土，仍未完全冒出地面，故寅虎也含有死裡逃生或謀事之始的象。

◎以原生八字來說，出生日干為甲乙木、寅卯木，若在國外工作或讀書的話容易在當地紮根定居生子，因為樹木得到土地為穩定之象，木以土為財，所以木到了新的土地就會生長。

◎寅虎遇午馬格局較高，鞏固自身，得到午馬給予的能量穩定自我求生存。

◎午馬遇寅虎代表找到賞識者，受到寅虎之人的重視，午馬會不斷付出能量給予寅虎。

247

◎寅虎遇辰、卯代表寅虎一直成長、事業一直賺錢，擴充人際關係。不斷發展事業想賺更多錢。木在春夏時會順利發展、不斷擴展，木在秋冬會結成果實，但也代表受限，功能性低，對木來說較不利，有停滯的現象。

◎寅虎遇午馬其樹幹會成長、會讓寅虎更亮麗，知名度越來越好，在穩定當中生存著，也因此讓寅虎成為乙木、卯兔的貴人，大家都要依附著他，突顯其價性與功能性。

◎占卜牌若為主體寅虎遇到客體卯兔，表示大樹的枝葉逐漸成長茂密，靠自身能力，一直擴展，只要確定目標，便不輕言放棄，能力、爆發性非常強，但常後繼無力。若為卯到寅，是卯兔遇到貴人，靠著寅虎提攜，而扶搖直上。

卯 (05-07)：乙

代表：兔。花草、藤蔓、枝枝葉葉，有極強的適應能力。五行屬陰木。

卯月：代表二月，雷電交加、陰晴不定、春雨綿綿，天干癸水在此長生。

情性：

◎卯為12生肖中的兔子，也為十天干之乙木，卯兔之人心地善良體貼，熱於助人，有同情心，個性溫和柔順，但容易得過且過，比較沒有主見，常給人感到沒有魄力的感覺，凡事易半途而廢，有潔癖、娃娃臉，喜歡浪漫、追求完美、聰明伶俐，適應力及應變能力特別強。

◎卯兔於自然情性為藤蔓、枝葉、花草，為春天蓬勃之氣，能快速繁衍而長，當寅虎遇到卯兔時，代表寅虎正在成長，有進步成長的喜悅。

◎當卯兔遇到寅虎或遇甲木，為找到貴人，能扶搖直上，使卯兔能借力使力，往上成長，找到人生的方向目標，也代表不斷向外拓展的象。卯兔之人遇己土、未羊很會理財，乃能快速成長，然後覆蓋住未、己土。卯兔以未、己為財星，也代表遇到了適合的環境之故。

◎卯兔之木要透過巳蛇太陽或丙火才會成長亮麗，代表得到天時。

◎卯兔之人是個智多星型的人物，懂得打算、作事有計劃，思考嚴謹，但執行力不夠，討厭作事時被打擾，個性較為敏感、膽子較小、信心不足，怕受傷、防禦心重，對於他在乎的事情有潔癖，人緣佳，外表沉默寡言，交際上頗有手腕，但遇到困難經常為自己製造藉口去逃避。

◎卯諧音冒，就是把冒改成卯，因為卯象徵衝破地面，打開了門，卯木成長速度快，但凡事速成者必有過，謀事易成易敗，怕遇到寒冬之氣，而受傷，只喜歡春夏之氣。

◎寒冬為亥豬、子鼠、丑牛，三個生肖地支，但不同的地支生肖會產生不同的情性。

例如：

1. 卯兔遇亥豬，卯兔以亥豬為印，印代表家、學術，因住錯房子、學習錯誤的知識，而身敗名裂。

2. 卯兔遇子鼠，子鼠雖也為卯兔之印星，但子鼠在強調言語上、表達上，當然也是家及學術之代表；卯兔因表達錯誤，而造成的虧損。

3. 卯兔遇到丑牛寒凍之氣，卯兔以丑牛為財星、金錢、感情，代表卯兔因為金錢或感情惹禍。賺了不該賺的錢，談了不該談的感情，而受傷、損失，導致身敗名裂之象。

◎卯兔到了秋天申猴、酉雞、戌狗，當然是代表豐收、享成的象，但也因為得到果實而功成身退，卯兔即將面臨壓力及受傷的情形。

4. 卯兔遇到申猴，合到官星，官星為事業、責任、壓力與女命的老公。申猴為風，風主動來親近卯兔，代表事業、名份、老公主動而來。

5. 卯兔遇到酉，酉雞雖為甜美果實，酉雞收成果實後使著卯兔功成身退。

6. 卯兔遇到戌狗，戌狗為卯兔的財星、感情、金錢，代表卯兔遇到戌狗代表的人、事、地、物是無法快速的，乃戌土為秋天收斂之氣的土，無法像未羊、辰龍之土的功能性、價值性高，當然戌狗的財就無法讓卯兔自在的擁有與掌控了。

◎卯兔既代表花草、枝葉、藤蔓，於個性上更是具有無中生有開創、學習一切新知的動力，也有生意人的心態與魄力。

辰 (07-09)：戊、乙、癸

代表：龍。低陷處、聚水資源之處、聚寶盒。五行屬陽土陰用。

辰月：代表三月，春雨綿綿、水位高漲，能收藏水資源。氣候不溫不熱，不寒不冷，風和日麗的好天氣。

情性：

◎辰為12生肖中的龍，也為季春，心態上會想開創、創新，但個性神秘、善變、總讓人難以捉摸，行事沒耐性、喜愛作夢，是天生的夢想家，本身很有福氣，也有很多的機會，但總覺得有不滿足的感覺，不知為什麼，就是心態上的一種憂鬱，但事實上很多是多此一舉，此象就如同於命理學理上所說的辰辰自刑。

◎寅虎能在辰龍春天之氣生長，因為辰含有戊、乙、癸，代表木能夠向下紮根 (乙木) 和有雨水 (癸水) 滋潤，而且寅虎之木長在高山 (戊土) 上能夠穩定成長，所以能夠成長茂盛，而寅虎之木在低陷的地方看起來相對較高，能成為地方上的知名人物、指標性人物。

◎辰龍為先天之卦位，辰龍乃高山戊土所聚集而成
　的水庫，戊土旁上面四周長滿了花草(乙木)，而
　水庫裡裝滿了雨水及辛金所化的水(癸水)資源。
　風和日麗適合花草、樹木快速成長。

◎寅虎為天干的甲木，寅虎在辰為甲辰，甲辰也形容
　一棟大樓下面有地下室、水庫、池塘、泳池的象，
　所以寅虎遇辰為成長之氣，也代表得財利、得到好
　的人際關係，得到了學習求知的機會，而脫穎而
　出，獨樹一格之象。

◎辰龍之人，尤其在辰月生人，對於命理五術的反應
　相當兩極，不是很迷信、就是完全不相信。辰龍之
　人只要腳踏實地就能夠得到別人的尊敬，只要按步
　就班就能成大器，實踐享樂主義的生活。只要熱情，
　懂得學習、製造愛，就能得權利。只要懂得表現、
　付出，就能得到秋收之果，豐收享成。

◎辰龍遇到不同的五行產生了不同的魅力：
　火遇辰龍，產生功能價值而感到榮耀。
　土遇辰龍，改變了思維，建立起好的人際關係。
　金遇辰龍，金突顯價值結成甜美果實。
　水遇辰龍，主動投懷送抱，願意為辰龍守著家。
　所以辰龍就是最有福蔭之人。

◎辰龍為低陷之地，也為春天蓬勃之氣，具有先天的福蔭。辰龍生人點子多、在能力範圍講信用，相當的有福氣。

◎辰龍之人有精神上的潔癖，聰明、反應快，適合做公關業務，春天之氣而心腸軟，草木逢春至使天生孤傲、常看高不看低，自命不凡，有時會顯得固執驕縱，愛聽好聽的話、愛好自由，喜歡表現，指揮他人。

◎辰龍：辰振也、伸也，打雷下雨給萬物振奮、成長的喜悅與動力，亦具變化莫測、開創、學習、求知之特性。

◎辰龍只要有開創，就能得到成果，得到亮眼的事業，成就指標性的事業。

巳 (09-11)：丙、庚、戊

代表：蛇。太陽、熱情、火、名聲、地位、知名人物。五行屬陽火。

巳月：代表四月，晴天、風和日麗，太陽普照、百花盛開。

情性：

◎巳為12生肖中的蛇，也為十天干的丙火，其屬於外冷內熱型，只對熟識之人表現出熱情，但巳蛇之火會下山，所以個性反覆不定，但心思細密、分析能力強因俱有太陽的特性。遇到戌狗、丑牛、戊土，代表奔波勞碌之象。

◎巳蛇太陽(丙火)高照時形成氣流(庚金)，此時太陽高掛在山頂上(戊土)。而寅時表示太陽剛從山頭露出來，所以丙火在寅的時辰剛升起，到巳蛇時代表旺盛之祿位。

◎巳蛇的暗藏天干為丙庚戊。本氣丙火代表皇帝、主帥， 庚金代表將軍、執行力，戊土代表作戰策略、思考過程。所以巳蛇兼具了領導者、執行者及謀略者的特性。

◎寅申巳亥代表四驛馬地，但在四驛馬之前都有土的季節(丑、未、辰、戌)，表示都會經過思考過程後再出發。

◎巳蛇者有潔癖，愛乾淨，也重權貴、重名聲大於金錢，比較容易跟有名望的人接觸，居住地的明堂或工作場所也很廣闊，或喜歡亮麗之環境。

◎巳蛇最怕亥豬，會失去權貴，如同丙遇亥。亥本氣為壬，但亥水不等於壬水的氣，當亥的時辰一定沒有丙與巳，但天干的壬與丙互謀其利，不會相剋，而亥豬會讓 丙火、巳蛇受傷，但是亥豬喜歡巳蛇，因為可以得財星、利益，從沒有名氣變成有名氣，凸顯出自己的名望。

◎巳蛇之人為人誠實可靠，做事講求方法、重過程，較不重視結果，無論做任何事情總是要求完美，但持續力不足，口才和社交能力都非常好，但常出現無心之過，主觀意識強，是個受威脅時會加倍反擊並徹底解決對手的狠角色，尤其是生肖屬豬或生於亥時（晚上9：00~11：00）而又生於巳月之人，是一位很有個人魅力和特色的人物。

◎巳蛇：四月陽氣最旺季，六陽之地，但不代表溫度高，溫度最高是在申猴肅殺之氣。

◎只要被巳蛇的人所認同，便會被他吸引，願意為他付出作事，可是一旦巳蛇受到刺激，就會變得頑固又不講理了。

◎巳蛇之月，萬物到此時，都巳經成長，富革新及開疆拓土的精神，古賢把已經的巳左上方的缺口補起來，以代表之。陽生於子終於巳，亦意味著：「夏至一陰生」，陽已經到終點，陰從此生。

◎巳蛇為太陽，帶給大地生機，給花草樹木蓬勃而生、給午馬能量，製造名聲、地位，引動朝氣，帶動光明的情性，所以十二生肖地支中是巳蛇為主宰者，代表皇帝，十天干中是丙火主宰一切動力來源。當天干與地支同時使用時，丙火遇到巳蛇，此時是丙火最旺的時候，稱之丙火見祿位，即是臨官位，氣盛光明來臨。

午 (11-13)：丁、己

代表：馬。高溫、能量、香火、名聲、幕後決策者。五行屬陰火。

午月：代表五月，萬里無雲，悶熱、太陽日正當中，午後易有西北雨。

情性：

◎午為12生肖中的馬，也為十天干的丁火，其外型好，桃花旺，屬於悶騷型的，其人非常的有自信、樂觀、人緣好、活潑、好動能言善道、想像力豐富、風趣幽默的人，具有敏銳的觀察力與不服輸的精神，重視結果論的人。

◎十二生肖地支中，亥豬會破壞甲、寅、乙、卯、丙、巳、丁、午、辰、未、己、酉，亥豬藏壬甲，可透過午馬來對亥造成牽絆，形成丁壬合、甲己合而有效控制亥豬的破壞性。

◎午馬之火為天干的丁，丁的能量存在己土中，才可以保存比較久，所以在平地時，到了晚上溫度還很高，丁在戊能量不高，所以在高山上(戊)會覺得較寒冷，在平地上(己)感覺較溫暖。

◎午可以融化丑土，因為『自古青牛怕白馬』。也代表午馬改變丑牛之後，自身卻壓力重重。所以丁丑日生之人，如一意要改變另一半，反而會招惹對方，受到另一半的反擊。

◎午馬之人處事公正，樂於助人，對於美學的感受力會比一般人更強，但耳根子軟、容易被利用，而身受壓力。

◎午馬之人，喜歡競爭，行動力強、熱情奔放、個性急躁、重情重義但脾氣不好，難以溝通，好勝心強，只要有人推崇他，他就會樂於付出。午馬愛聽好話，受刺激和挑撥時，會為人打抱不平，所以要小心受人家利用。

◎午馬之人給人的印象是迷人活潑，使得人人喜歡與你交往，但午月生的人不可以太懶，否則會賺不到錢。因為火旺才會驅動庚金之氣，火以金為財，愈積極火愈旺，財愈多。

◎午從忤變化而來，忤者逆、反、衝的意思，即有陰逆陽、午衝子的意思，陽極陰生之時亦代表由白天到晚上之時分。

◎辰龍為五陽一陰之地，午馬為一陰五陽，雖兩者都具備五個陽爻、一個陰爻，但其氣大為不同，辰五陽一陰，代表其氣在增長、氣旺，而午馬一陰五陽，其陽氣在下降，代表由旺轉衰之象。

◎午馬遇申猴、酉雞為得財之象，午馬是火的能量，是付出型的五行，求財是由勞祿轉安逸，享成得到財利。而申猴、酉雞遇午馬是代表事業更勞祿、責任越大的象。

◎從巳蛇變為午馬，代表巳蛇能量在加溫、進步中，但由午馬變為巳蛇，代表午馬遇到比自己名氣更大的人，午馬被搶走光芒，無法展現魄力。巳蛇為太陽火名氣旺盛，而午馬溫度高，代表實力、能力強，兩者不同的呈現。

未 (13-15)：己、丁、乙

代表：乾燥的土、充滿能量的土、得天獨厚、先迷後得。五行屬陰土。

未月：代表六月，晴天無雲、悶熱氣候，花草樹木茂盛之時。

情性：

◎未為 12 生肖中的羊，也為十天干的己土，能包容萬物之性，其人外表斯文，有一顆敏感、柔和但卻又保守的心。

◎未羊之土為好的土地 (己) 土地裡保存著高的溫度 (丁) 來讓小花草們 (乙) 成長。未羊能收藏能量、溫度，也易吸收水讓木成長，也代表未羊之人容易得到權貴之氣。

◎未羊為乙木的財星，若日柱乙未 (己丁乙) 表示乙木通根，讓乙木快速成長將己土 (財星) 遮蓋住，表示把錢財藏起來，很愛存私房錢，也懂得理財，因得財讓自己更美麗動人。

◎未土是乾燥的土，可以吸收很多水，機會也很多，土以水為財，未羊之土很容易得到金錢，也代表對金錢的掌控欲很強。也因為機會很多，容易迷失方向，但能夠先迷後得。

◎只要太陽巳蛇、丙火遇到未羊、己土，自然可以長出甲乙寅卯木。甲、乙、寅、卯木為未羊的官星，官為事業，代表很會經營事業。

◎未羊之人，個性耿直但表達能力不足，優柔寡斷、有事容易悶在心裡，責任心重、講義氣、喜歡享受寧靜的感覺，孝心不孝口，通常都會用行動來表示，喜歡追根究底，非常好學、好問，但自身沒有安全感。

◎未羊之人個性平易近人，未也在八卦中的坤卦，坤為眾，所以喜歡群眾的感覺，聚集眾人之力共同來完成一件事情。

◎未從味，即水果在此時成熟，味道鮮美、美味之象，也為木重複其枝葉，是說樹木已到極點之意，即將七月申，故不可做大事，小事則吉。又因未羊以寅虎及甲木為事業，參天大樹遇未羊鬆軟的土容易傾倒，木越大，被連根拔起的壓力會更大。

◎未羊之人對於所愛的人會全心全意的付出，無法接受別人批評他的家人和喜好，個性雖然害羞、不愛強出頭、內向，但卻容易為微不足道的小事煩心，但對感情兩極，不是非常忠貞、專一，就是極度得喜歡新鮮感。在處理事情上也缺乏彈性與靈活度，會得理不饒人，常用言語掩飾自己的不安全感，因此常常批評別人，而與對方產生敵對，也會無意得罪他人。

◎未羊本質溫馴但性躁，謀事隨心所欲，但會先迷後得。喜歡用水調劑，本身燥熱，所以對感情喜歡新鮮感。

◎未羊代表平地、辰龍代表低陷的水庫、丑牛代表寒凍的高山、戌狗代表燥土高山，四個生肖地支以辰龍最低陷，代表機會最多，靠機會得財。未羊最高溫、靠實力、本事得財。丑牛為寒凍之土，靠節儉、收成守護財。而戌狗雖為燥土，但卻製造很多機會給外面的人事地物得財、得機會。

申 (15-17)：庚、壬、戊

代表：猴子。未成熟的果實，果體堅硬、果核軟，外剛內柔之特質。五行屬陽金。

申月：代表七月，颱風暴雨、晴時多雲偶陣雨，鬼門開，壬、癸水一湧而出。

情性：

◎ 申為生肖中的猴子，也為十天干的庚金，其性為強風，個性堅強、有自信、喜愛出風頭、天生有王者的風範與氣質，爭強好勝、驕傲，聰明、學習及模仿能力強，重義氣、重朋友，天生具有領導力者的魄力與執行力。

◎ 申猴為強風 (庚)，引來大量的水 (壬)，易造成土石流 (戊)，所以申月份的颱風會引來大量雨水，尤其是壬申之月令。申猴的颱風也是考驗木的成長，將不良的果體、樹枝作去除、革新，讓健康的果體能長成豐碩的果實。

◎ 申猴個性外表堅強但是容易心軟，如同果體堅硬，但果子軟。

◎ 申為巳午未火之後的生肖，申猴高溫才會產生強烈氣流，形成有執行力的將軍，充滿霸氣，能夠開疆闢土。

◎ 申月立秋易形成強風氣流，因為太陽溫度越來越高，也讓申的溫度越來越高，所以高溫產生強烈的氣流，我們稱火來生金，太陽驅動申猴之金。

◎庚金為沒有水分的風，因為風沒有顏色，所以看不到，申猴雖代表庚金，但申猴帶有大的壬水，壬長生在申，越晚水分越來越多，產生辛金雲霧密佈，表示水的能量越來越高，水分不斷形成，聚在山上遇到溫度化為水，從高山流下來。

◎出生時辰若為申時，代表晚年仍然想創業和充滿企圖心，但要有丙火、巳火、午火、丁火才會師出有名，名正言順，如同所作的一切受到眾人的認同；讚賞。火將權力授權給申，才會有動力驅動庚、申金，此時非『火剋金』，而為『火驅動庚金』。若申金沒有火，會造成執行力、魄力不足的情形。

◎申猴為未成熟的果實，也為觀念未成熟，不經思考就去執行、講義氣，若火上加油用激將法的話，申猴會馬上去執行，所以申猴怕被人利用。若為酉雞者，用激將法無效，酉雞會不理不睬。

◎申猴之人要學習培養耐性，對人要有禮，注意自大固執的個性，行動之前要經過深思熟慮才去執行，如此就能避免不必要的損失。

◎申：申從身演變而來，是說農作水果等皆已成其身，此月木果之體已成其形，將要收成，常因有物質收成，以致身旁常圍繞著一群小人，宜防範，尤其不可因重情義、重感情而金錢往外借貸，而造成一去不回。

酉 (17-19)：辛

代表：雞。成熟的果實，果肉軟、果子硬，其性
　　　外柔內剛。五行屬陰金。

酉月：代表八月、白露之節氣，陰天、雲霧彌漫、
　　　密雲不雨。

情性：

◎酉為生肖中的雞，也為十天干的辛金，其是非分明、
　掌天命之職，稱司晨之雞，此人思考敏銳、講義氣，
　重朋友，但愛管閒事、愛熱鬧、怕寂寞、認真盡責、
　求知慾強、太在乎別人想法，做事要求完美，心性
　安逸享成，有話藏不住，因此會不小心洩露別人的
　密祕。

◎酉雞雖然成熟的果實外表是軟的，但他的果核是硬
　的，表示其實雖然外表溫和，但內心是強硬的，有
　他自己堅持的地方，是不可被動搖的。

◎酉雞為豐收之果，故有潔癖、會修邊幅、較無鬥志、
　無企圖心、過於安逸、有福氣、重收成、享受成果、
　有貴氣，申猴為先鋒開疆闢土(體力付出)之後，讓
　酉雞收成展現成就。

◎出生時辰為酉時者，有錢的時候會較安逸，反而不
　想要繼續創業、工作。若為申時，不管有沒有錢，
　都還是會不斷努力工作，因為申猴為風、執行者，
　永遠停不下來。

◎酉月為『白露』，表示酉月會雲霧飄渺，充滿水分，此時的果實甜美多汁。

◎酉者個性上表面溫和好商量，但內心有自己的一把尺，不容易被動搖，較強硬，酉金旺者，喜愛有價值的名牌，家中也愛擺放一些精品、貴重物品。

◎申金旺者，反而不喜歡名牌，覺得自己自創的才是真正的品牌，家中擺放的東西較粗曠、不精緻，也較凌亂不堪。

◎酉雞為收成、享成者，就像皇帝、大老闆一樣，等著申猴大將軍去執行作戰，打遍江山後，在後面等著接收成果。

◎酉雞之人常常過度熱心而造成別人的困擾，富有強烈的批判精神，在評論當中，常常一針血。酉雞之人第六感和念力都很強，喜歡保持現況，不想突破改變。

◎酉雞為收成之時，內心喜悅，故散發出美麗、自信，所以桃花重、人緣好，因此儘量往人緣、人際關係為發展，不要太過於熱心，會容易引起不必要的桃花及麻煩。

◎『酉』者，像一隻雞一樣呱呱叫，很愛聊天、多話，很適合當講師，因為講話就是他的樂趣。

◎酉雞生的人要學著仔細考慮別人的感受，別老是自作主張、對人過於嚴苛，再加上不善於表達內心的情感，以至容易產生人際關係的阻礙，而失去多年的朋友。

◎傳統學術上的土生金，只對一半，因為己土無法生成辛金。己土可讓辛金種子重新萌芽，也可以讓辛、酉金果實爛掉。當然也可代表己土之下的果實，如同地瓜、蘿蔔…等。

◎酉：生肖屬雞，司掌天命。古文：八月黍成可為釀酒，所以酉從酒而來。卯開門之象，酉關門之象，太陽由此而西下，光明已陷，盜賊四起，因此設立宗廟、神佛，以嚇止犯罪。

戌 (19-21)：戌、辛、丁

代表：狗。太陽下山、熟透的果實、能收服權貴。五行屬陽土。

戌月：代表九月，密雲不雨、寒暑異常，為天羅之地，專收太陽之氣

情性：

◎戌為生肖中的狗，也為十天干的高山之土為戌土，能阻擋亥水之侵伐，具有利禦寇的特性，很重視家庭的關係，對人忠誠老實、個性善良、仁慈憐憫、逆來順受、講求信用，喜歡照顧人，但不喜歡做決定。

◎戌狗代表在高山 (戌) 土地上的一顆過熟的果實 (辛)，剝落在戌土上果肉爛掉，留下種子，遇到土裡的溫度 (丁) 等待著時機發芽。

◎地支酉雞變為戌狗：表示果實成熟的過程，果實纍纍能夠豐收，為自然的過程。所以主體酉雞變為戌狗是喜悅的象。地支戌狗變為酉雞：表示果實剝落爛掉的象，表示果實的果肉爛掉，也易有流產的象。所以主體戌狗變為酉雞毀折之象。

◎戌狗之土沒有養分的土地，無產值，因為已經被木吸收殆盡，也為過熟的果實，即將剝落，功成身退的象。

◎戌狗又稱天羅之地，專收丙火太陽、巳火、午火，能讓有名望、名氣之人敬重，對戌狗恭恭敬敬。以下五個天干的戌狗，能掌控不同的五種情性，我們稱之財、官、印、比、食。

1. 甲戌：功成身退的指標性人物，較無產值，但還是有名望之氣，如同阿里山的神木。但甲辰為在位、現任的指標性人物，有功能性，有產值，掌握了大財。

2. 丙戌：最接近太陽的山，表示最高的山。但也為即
   將下山的太陽。在家能高朋滿座，能掌握有名氣的
   人事。

3. 戊戌：最沒能量、養分的高山土。能產生很多的水
   資源財利，為公司產生獲利，但自己易財來財去，
   無法掌握財。所以戊戌能提供很多求財的機會給予
   周遭的人，也能掌握有權利的人。

4. 庚戌：山上的風，即將功成身退，秋天肅殺之氣，
   邊疆的戰將。也代表能在家中完成工作，很會經營
   事業的人，對事業能有效的掌控。

5. 壬戌：兵分兩路、聲東擊西、疑心重重、山上流水、
   邊工作邊遊玩。也代表很會理財，能掌握財政大權，
   很會賺錢之人。

◎出生在辰月和戌月之人很有研究精神，乃易使太陽
　光明不現，呈現出黑暗及神秘的感覺，在研究命理
　和五術方面有特殊的天份及成就，戌月生之人懂得
　感謝、受人恩典必定加倍回報。

◎戌狗之女性有時想法天真，只要是認定了對方，就
　會全心投入，不顧一切去追求、堅持到底，所以被
　戌狗的人愛上，是一種幸福，也代表前世修來的好
　福德。

◎戌狗本質忠誠，戌是消滅，意指農作水果等等，如
　不收成，到此時就會腐爛消失，即所謂毀折的象，
　消失在土壤中成為種子。

亥 (21-23)：壬、甲

代表：豬。湖泊、流動之水、海洋。
高山快速流下的水。五行屬陽水。

亥月：代表十月，寒冷之季。大雨、颱風過後的
土石流。易傷害木的水。

情性：

◎亥為12生肖中的豬，也為十天干的壬水，有主動積
極追求的企圖心，眼光獨特，記憶力強。在沒有利
益關係下，待人謙虛有禮，總希望面面俱到。

◎亥豬中的甲只是種子的根，甲長生在亥。所以此甲
木不是大樹，而是漂浮在水中萌芽準備長成胚胎的
木，非真正的高大樹木、甲木，所以能夠共存於壬
水中。

◎亥豬在年柱對天干出現的丙火較無殺傷力，因為一
年裡天天都還是有太陽。而亥在時柱對丙火的殺傷
力極大，因為亥時本身無太陽，亥時一定沒有丙火
及巳火之太陽，為永無天日的象。

◎寅虎、卯兔、未羊年生者，若依照傳統生肖姓名學
「亥卯未」三合、「寅亥」六合來取名，而取「家」、
「毅」、『豪』反而會被名字相對宮位傷害到和牽
絆住，是一種受限、破壞、壓力的產生，而非合是
好的。

◎亥豬會讓寅虎屯住受限、讓卯兔之木受傷、讓未羊
之土變成不能使用的土，不得不注意。

◎日柱地支亥者，房間會很凌亂，棉被都不想折。若
在時柱，則為子女房間凌亂。

◎於象中如亥豬對應戌狗，為水被高山擋住，容易有結石，力爭上游，努力之象。於象中如戌狗對應亥豬，為水從高山快速流下，易有意外之災，退潮、衰退之象。

◎八字中有亥到寅或寅到亥，為木受水困的寅亥合，則身體相對部位易產生酸痛，甚至有萎縮的情形，因為木被鹽水浸泡會有脫水的現象，比如說醃漬泡菜。

◎天干的水有機會生木，因為呈現不同的地支。而地支的水為寒冬之水無法生木，所以亥、子皆會傷木，使木受限、困住。

◎亥豬之人，個性隨和，但有時會明知有困難還是要一意孤行，有時會異想天開，聰明反被聰明誤，外表樂觀、開朗，經常把話藏在心裡，不敢表達真實意見，憂慮放心裡，亥亥自刑時更為嚴重。

◎亥亥自刑又以年與月的亥亥較為嚴重，易想不開，日與時出現亥亥自刑反而較不嚴重，乃日支的亥本身已適應了這個環境了。

⊙此章節十二地支、生肖，無論應用於占卜、八字、方位對待、人事對待，都相當神準。可再配合參考本書生肖占卜篇的上冊(生肖與生肖的對應關係)，即能快速的應用。

⊙以上十二地支、生肖代表的意涵延申，是由沈芳晴老師與謝銘晃老師筆錄提供。

作者後記

　　我們學習五術，大致上都以古書及師承的方式為學理之依據，古書說合就是好，沖、刑、害、破就是不好，合化就是變成另一五行，好像沒有人對於理論邏輯產生懷疑。

　　子丑合化為土，把老鼠與丑牛放在一起就變為土了嗎？寅亥合化木，把老虎與豬放在一起就變為木了嗎？卯戌合化為火，把兔子與狗放在一起就變為火了嗎？酉戌為六害，乃雞飛狗跳、雞犬不寧，狗追著雞跑，雞跑狗追，那卯戌合，狗就不會追著兔子跑嗎？要以動物的情性為理論也不合常理，要以古書流傳的也是不合理，因為自古以來藉由命理、五術發跡的還是少之又少，一切都是先天的福德造作所致。

　　十天干與十二地支只是表達自然界的十種循環現象與十二種循環現象的代表符號，不是「天書」，是木成長的符號，瞭解其道理後，論命、解象就能迎刃而解，沒有模稜兩可，本系列「八字決戰一生」的套書以此為理論，不用古書的方式，不用動物習性，只用大自然生態為理論。

再次感謝您對太乙的支持，謝謝！感恩！

編著　太乙　謹識
民國 102 年端午佳節
賜教電話：0982571648

太乙老師經歷簡介

經歷：

　79年成立太乙三元地命理擇日中心，開始從事命理諮詢、陽宅、風水、堪輿服務，目前積極從事推廣五術教育，用大自然觀象法理論教學及諮詢服務。

◇◇

現任： 台南市救國團命理五術指導老師
　　　　台南市國立生活美學館（前社教館）授課老師
　　　　附設長青生活美學大學（前社教館）授課老師

太乙（天易）老師著作簡介

◎七九年統一日報命理專欄作家，著作「果老星學祕論」。

◎八十年著作中原時區陰陽對照萬年曆，文國書局出版。

◎九九年十月著作的中原時區陰陽對照彩色版萬年曆。

◎一百年八月著作「窮通寶鑑評註」，筆名：太乙。

◎一百年十月著作「八字時空洩天機-雷集」。雅書堂

◎一零一年三月出版「八字時空洩天機-風集」。雅書堂

◎一零一年七月出版「史上最便宜、最豐富、最實用彩色精校萬年曆」易林堂文化出版

◎一零一年八月出版《教您使用農民曆》易林堂出版

◎一零一年九月出版《教您使用農民曆及紅皮通書的第一本教材(上冊)》。易林堂文化出版

◎一零一年十一月《解開神奇數字代碼一》易林堂

◎一零一年十二月《解開神奇數字代碼二》易林堂

◎一零二年元月《八字十神洩天機-上冊》易林堂

◎一零二年七月起《八字決戰一生》一系列書籍，陸陸續續出版中。

太乙老師服務項目

★陰、陽宅鑑定，鄰近地區每間、每次壹萬陸仟捌佰元。

★現場八字時空卦象解析論命，每小時貳仟肆佰元整，
　超過另計（每十分鐘肆佰元整），以此類推。

★細批流年每年六仟六佰元整。

★取名改名每人六仟六佰元整

★姓名鑑定隨緣。

★剖腹生產擇日壹萬陸仟八佰元整。

★一般擇日每項六仟六佰元整 (一項.嫁娶婚課)
　(二項.動土、上樑、入宅) (三項.入殮、進塔)
　請事先以電話預約服務時間。以上價格至民國 105
　年止，另行調整。

★八字時空卦高級班、終身班傳授面議。(不需任何資
　料直斷過去、現況、未來)。

★直斷式八字學終身班，傳授面議。

★十全派姓名學傳授面議。

★手機、電話號碼選號及能量催動傳授。

★陽宅、風水、易經六十四卦陽宅學傳授面議。

★九宮派、易經六十四卦、玄空、陽宅學傳授面議。

★整套擇日教學：一般擇日、入宅、安香、豎造、
　喪葬課、嫁娶結婚日課、 地理造葬課傳授面議。

★兩儀：數字卦傳授教學《神奇數字代碼的實戰應用》

以上的教學一對一為責任教學，保證學成。

預約電話：0982571648，0929208166
　　　　 （06）2158531　楊小姐
服務地址：台南市南區國民路 270 巷 75 弄 33 號

太乙文化事業八字師資班面授簡介

(長長久久終身八字職業、師資班面授總課程表)

課程內容:
- 1. 五行及十天干、十二地支申論類化
- 2. 八字排盤定位、大運、流年　3. 地支藏干排列組合應用法
- 4. 十神申論類化,六親宮位定位法則
- 5. 刑、沖、會、合、害、申論、變化、抽爻換象法
- 6. 格局取象及宮位互動變化均衡式論命法
- 7. 十二長生及空亡應用論斷法。 • 8. 十天干四時喜忌論命法
- 9. 長相、個性、心性論斷法。
- 10. 父母宮位、緣份、助力論 斷法
- 11. 兄弟姊妹、朋友、客戶緣份或成就論斷。
- 12. 桃花、感情、婚姻、外遇及夫妻緣份之論斷。
- 13. 夫妻先天命卦合參論斷法。 • 14. 考運、學業、成就論斷
- 15. 子息緣份及成就論斷。 • 16. 財富、事業、官貴、成就論斷
- 17. 疾病、傷害、疤痕申論類化論斷。
- 18. 神煞法的應用、論斷及準確度分析。• 19. 數目字演化論斷。
- 20. 陽宅、陰宅、方位及居家環境申論類化。
- 21. 六親定位配 盤法。
- 22. 大運準確度分析、流年、流月、流日起伏論斷、應期法
- 23. 掐指神算演化實戰法 (不需任何資料就能掌握住對方的
　　過去、現況及未來,快、狠、準)
- 24. 六十甲子論斷法,一柱論命法,將每一柱詳細作情境解析。
　　及一字論命法、氣候論命法、時間論命法。
- 25. 干支獨立分析論斷法。
- 26. 命卦合參論斷法
- 27. 奇門遁甲化解、轉化法。
- 28. 奇門遁甲時空造運催動法。
- 29. 綜合實戰技巧演練,及成果分享。

以上課程總時數約 80 小時 (含演練,及成果分享)

◎課程前 20 分鐘複習上一堂的課程，以便進度銜接

◎課程以小班制為主，7 人以上開班（不足七人將會縮短時數）

◎另有一對一的課程，時間彈性，總時數約 56 小時（7 個月之內完成），也可以速成班方式學習，馬上能學以致用。

　以上 1～8 大題讓你將五行、十天干、十二地支、十神、六親及刑沖會合害，深入淺出，往下延伸類化，是實戰重要的築基篇，不可跳躍的課程。

★9～18 大題是人生的妻、財、子、祿論斷技法分析演練，讓你掌握住精髓，快速又準確。

★19～23 大題是職業八字論斷秘訣，是坊間千古不傳之祕，讓你深入其中之祕，讚嘆不已。

★24～26 大題，讓你一窺八字結合易經、數字之妙，體悟祕中精髓，深入觀象類化，再窺因果之祕。

★27～28 大題，讓你掌握造運之竅，催動無形能量，創造磁場。

◎上課中歡迎同學提問題發問，乃可當實例解說，所以以上的課程內容及應用論斷法，會以同學提出的案例解析，直接套入應用說明演練，及分發前幾期同學的上課 實錄筆記，作為直斷式解說演練。課程結束後，不定時回訓及心得分享。

◎ 102 年 7 月起，上課總時數以此調整的時數為主。

◢有再開八字課程時，可無限期旁聽複訓◣

歡迎您加入「太乙文化事業終身師資班」的學習行列，讓您減少走很多的冤枉路，及減少花費冤枉錢，快速學以致用。每逢星期三、四、五開八字終身班課程，歡迎電話洽詢安排時間。

洽詢電話：0982571648，0929208166
　　　　　（06）2158531　楊小姐

書籍介紹：

八字時空洩天機【雷集】 軟皮精裝 訂價:380 元 作者:太乙

《八字時空洩天機》是結合「鐵板神數」之理論，利用當下的時間，作為一個契機的引動，也將一個時辰兩個小時的組合轉化為一百二十分鐘，再將一百二十分鐘套入於十二地支當中，每十分鐘為一個變化、一個命式，套入此契機法，配合主、客體的交媾直斷事項結果，結合第五柱論命的原理，及易象法則與論命思想精華匯集而成的一套學術。 本書突破子平八字命理類化的推命法則，及同年同月同日同時生的迷惑，而且其中的快、準、狠讓求算者嘖嘖稱奇。以最自然的生態、日月運行交替、五行變化，帶入時空，運用四季，推敲八字中的奧妙與玄機。

八字時空洩天機【風集】 軟皮精裝 訂價:380 元 作者：太乙

《八字時空洩天機》是結合「鐵板神數」之理論，利用當下的時間，作為一個契機的引動，也將一個時辰兩個小時的組合轉化為一百二十分鐘，再將一百二十分鐘套入於十二地支當中，每十分鐘為一個變化、一個命式，套入此契機法，配合主、客體的交媾直斷事項結果，結合第五柱論命的原理，及易象法則與論命思想精華匯集而成的一套學術。《八字時空洩天機》【風集】則從最基礎的《易經》六十四卦原理、五行概念、八字基礎，以十神篇，說明《八字時空洩天機》的命理基礎，再運用契機法，算出自己想知的答案，讓你在輕鬆的氛圍中，領悟出相關卦象及自然科學生態循環之要點，不求人地算出自己的前程未來。

八字十神洩天機【上冊】作者：太乙 易林堂 定價：398 元

「八字十神洩天機－上冊」是再次經過精心設計編排的基礎五行、十天干、十二地支、十神特性論斷，彙集十神生成導引之事項細節延申、時空論斷及推命之步驟要領、論命之斷訣、八字天機秘論、個性導引十神代表，以及六十甲子一柱論事業、公司、老闆、六十甲子配合六十四卦、一柱斷訣之情性，結合時空論命訣竅及易經原理、直斷訣，論命技巧與思想、精華串連起來彙集而成的一套學術更是空前的編排組合，請拭目以待。【中冊、下冊定價各 398 元】

心易姓名學 作者 張士凱 易林堂出版 定價：320 元

中國文化五千年來，老祖先的智慧「山、醫、命、相、卜」，而姓名學為相術的應用，也就是觀察字的意涵和數字五行「木、火、土、金、水」的概念，以及五行的「生、剋、平」所產生的現象，和五行情性特質。本書探討數字的含意，以及五行「生、剋、平」和五格本身含意的說明。兩格之間「生、剋、平」的論法，以及如何論斷的應用說明，讓您見識到心易姓名學的魅力。

278

八字決戰一生

1. 生肖占卜篇：分上、下冊及專解下冊篇

數字占卜是透過十個數字的交媾，產生 100 組互動關係，而生肖占卜篇者可應用於地支與地支的交媾組

合，作詳細的延申推演，包含個人生肖與週遭人事之對待關係，共有 144 組的不同人事互動組合，也可透過精心設計的**十二地支占卜牌卡**，作為占卜的應用，讓您即時掌握人事之對待、財運機會、工作事業、婚姻感情、找到屬於自己命中的貴人，等十二項做詳細解析超高準確度，可隨時隨地應用、查詢，是學習八字陰陽五行推演最好的活字典，也是開館諮詢師必備的生財器具書籍。

2. 數字占卜篇：分上、下冊

　w 過太乙精心設計的**十天干數字占卜牌卡**，利用 10 個數字交媾應用組合，延申 100 組數字的互動關係，每一組數字作詳細的延申推演，再針對婚姻感情、工作事業、身體健康、財運機會、人際關係、工作異動等十二項作詳細深入的解析，準確度達到 95％，隨時隨地可以應用、查詢，如同請一位專業命理諮詢師回家，隨時隨地可諮詢，也是學習高級八字論斷推演最好的一本活字典。

3. 開運應用篇：

透過出生年月日時公式的應用組合，用對照的方式，來解讀掌握貴人方位機會、財運機會，解開身體、疾病之負擔，瞭解婚姻、感情、情歸何處，決戰一生事業工作的版圖有多大、論您的財庫有多大、財祿方位在哪？將您的心態、個性、人際關係顯露無遺，年、月、日、時各柱的六十組甲子活字典，能讓完全不懂八字推理的人，也能快速查詢應用，掌握住事象、開運應用、製造機會、契機，知己知彼，快速致富，也能讓研究八字的人，知道如何應用天干、地支的互動組合，衍生出人生的妻、財、子、祿及方位的切入、交互應用，延申更寬廣的交媾組合，掌握精髓、應用自如。

4. 易經連結篇：

四柱八字的天干地支，可連結於易經六十四卦，應用於日常生活的食、衣、住、行，讓學習易經不再花費數十年的青春歲月，應用干支的二十二個字，陰陽五行，表現這艱難無味的八卦交媾變化，快速的切入，尋找到改變之道，提升快速財利的獲得、工作事業的穩定發展、擴展人際關係、增加六親緣份、掌握到良好的居家風水。擁有本書，就能洞察到六十四卦在日常生活中的六十四種生活方式及樂趣。保證讓研究數十年的易經學者大開眼界，讓剛入門學習者，大開最方便的法門。也可透過太乙為您精心設計的**六十四卦占卜牌卡**，作為占卜應用，神奇、超高準確度。

5. 學理推演篇：

八字決戰一生的學理應用，是透過大自然生態生存之道，木成長的元素，套入天干、地支的刑、沖、會、合、害及交互作用，產生氣的變化，是本套書籍所有應用的理論及原則，包含年、月、日、時、分五柱十字的宮位解析、論斷、推演，是學習八字及時空論斷的重要學理推演，不得不讀的寶貴理論，精準而細微，此學理推演是八字學及八字實戰的重要依據，比傳統學理更準確、論斷更快速，解象更多元化，是初階必讀，深入研究者及實戰論斷必備的精準元素。

6. 一柱論命篇：

天干配合地支，產生了六十組的組合，此六十組的組合，套入出生年、月、日、時，就產生不同宮位，人事物之變化，透過一組一組活生生剖析其情性，讓您論命不用同時要有年、月、日、時四柱的組合才能精準掌握，而只要知道任何一柱，即可馬上切入應用論斷，雖然一柱論命只是八字的基礎，但也可用於日常生活上的應用，快速而精準的一柱論命應用篇，讓您隨時掌握流月、流日的變化，趨吉避凶，也是職業論命必備的活字典。

7. 十神對待篇：

透過十個通變星宿：比肩、劫財、食神、傷官、正財、偏財、正官、偏官、正印、偏印，各個星宿在年、月、日、時不同的柱限、宮位、所產生不同質氣的變化、應用，可用對照、查詢，讓您學習到八字十神法真正的精髓核心，再應用日主不同十天干對照，所延申的100組十神對待，不同於傳統不分日主天干的元素，只論十個通變星宿吉凶，本書十神對待篇是八字的精髓及活字典。

8. 生日數字篇：

創世之著作，透過國曆的民國出生年、月、日的數字組合，是用民國的年數，而非坊間的西元年數，因為我們生存在於中華民國的土地上，會因為此區域性而產生了數字的組合變化，除非您在台灣出生而是在國外工作，所以才可使用西元年數。

此民國年數配合月、日的不同數字交媾組合，會產生不同的吉凶變化，舉凡習慣個性、工作事業、投資理財、婚姻感情、身體健康、金錢財運、人際關係，一一的解釋，是人生的活字典，也是首創精準的一套學理。

9. 實戰案例篇：

透過 50個活生生的實際案例推演、論斷、解析，能讓您快速掌握實戰的應用、推論，讓您面對客戶不再緊張，而且能快、狠、準的直接切入論斷。

10. 時空契機篇：

四柱八字學是應用人出生的年、月、日、時，作為推命之資料，而時空契機篇是用當下的時空，年、月、日、時到分作為資料，排定五柱十字，不用任何求問者的資料，只要您進入此時空，利用當下契機，就能精準論斷過去、現況、未來之人、事、物，會讓人誤以為是通靈或養小鬼，也可作為平時訓練八字推演的活教材。

11. 擇日開運篇：

八字學的應用，是透過大自然生態生存之道，此學理可連結到擇日學、陽宅學、易經、六十四卦、姓名學及日常生活之道，擇日學除了傳統刑、沖、會、合、害之喜忌概念、農民曆的應用之外，連結此套學術，更是如何應用操控運勢、時機點重要的方式，是仿間不傳之祕，如同奇門遁甲之應用與掌控，應用擇日達到佈局開運的法門。不再羨慕別人買房子、賺大錢，自己來操控不會受騙花大錢，可製造好的財運及機會。

12. 公式口訣篇：

在 繁雜的學理推演上，透過條文式整理，成為簡便的口訣，可應用到各個不同的星宿，將公式口訣進入各個柱限、限運、宮位、年、月、日、時、分，所產生不同的應用論斷，快速又精準。

13. 六親緣份篇：

針 對個案剖析，分六親緣份、環境論斷、財運機會、事業官祿，本篇為六親緣份篇，直接針對祖上、父母、兄弟姊妹、配偶、子女及部屬、朋友、客戶，快速精準的應用解析，是助力還是阻力，在人生當中，他們與您的相處模式、緣份之對待關係之解析、論斷、應用。

14. 風水開運篇：

如何 應用居家風水、居家環境，也就是利用周遭可看得到的一切環境、景象、人事，來趨吉避凶，製造財富，360度24個方位學上，哪一方位可製造更多的助力，形成更旺的磁場，用無中生有的方式佈局迎氣，解除對坊間數十派的風水學說之困惑，讓您能快速靈活應用，掌握風水開運致富。

15. 姓名開運篇：

四柱八字學用十天干、十二地支配合大自然生態之學理推演，而此姓名開運篇，是將姓名文字的部首、字根，套入十天干、十二地支之交媾互動變化論事象吉凶，破解坊間數派姓名學之爭議及迷失，因為與八字決戰一生之系列學理，完全是相同的、相通的，沒有模擬兩可，只有這一套，而且可連結整個五術的任何學派，讓您不再為名字的好壞而影響到您的生活，善用父母親賜給您最寶貴的文字禮物，好姓、好名、好字義，完全掌握好的時機。

16. 觀念開運篇：

透過問答的方式，解開對命理、五術及生活的問題、迷失，讓您不會因算命師的一句妖言惑眾的話或宗教的一句冤親債主來討債必須制化改運，而荷包大失血，整個家庭陷入經濟危機及心理恐懼的危機當中，有了正確觀念的瞭解，進而運用觀念開運致富，助人、利己，製造累積更多的福德及財富。

此套書籍陸陸續續出版中，16大篇有的分上、下冊，並以讀者的需求作順序出版的調整。「八字決戰一生」是史上八字最完整的整套系列編輯書籍，是五術的靈魂。請拭目以待。

您可以這樣玩八字　作者：小孔明

易林堂出版　定價：398元

您玩過瘋迷全世界的魔術方塊嗎???

解魔術方塊的層先法與推算八字有著異曲同工之妙，方法是先解決頂層(先定出八字宮位)，然後是中間層(再找出八字十神)，最後是底層(以觀查易象之法來完成解構)，這種解法可以在一分鐘內復原一個魔術方塊(所以可以一眼直斷八字核心靈魂)。命理是以時間為經，空間為緯來交媾而出的立體人生，若說魔術方塊的解法步數為《上帝的數字》，那八字則是《上天給的DNA密碼》，一樣的對偶性與雙螺旋性，只要透過大自然生態的天地法則，熟悉日月與五行季節變化的遊戲規則，就可以輕輕鬆鬆用玩索有得的童心去解析出自己的人生旅程，準備好透過本書輕鬆學習如何來用自己的雙手去任意扭轉玩出自己的命運魔術方塊嗎?

諮詢論命預約專線：0920182255　小孔明老師

服務項目：◎八字、時空卦論斷、教學　◎姓名學論斷、取名、教學

◎兩儀卜卦論斷、教學　　　◎陰陽宅論斷、教學

八字快、易、通　作者：宏宥　　　易林堂出版　定價：398元

【八字快、易、通】本書內容運用十天干、十二地支，透過大自然情性法則，解析五行的屬性、特質、意義。五行間的生剋變化，構成了萬物和磁場之間的交互作用，為萬物循環不息的源頭。本書捨棄傳統八字之格局、用神、喜忌，深入淺出之方式讓初學者很快進入八字的領域，為初學者最佳工具書。本書內容在兩儀卦象、直斷式八字與時空卦的運用皆有詳細、精闢之論述。

面相課程內容及大綱

1. 人的五行形相：是將各種不同形貌氣質之人加以分類、歸納出
　　五種五行(木、火、土、金、水)形象。
2. 人的體相質地：透過第一眼印象即可判斷其個性、特質、喜好。
3. 面相術語：了解各部位名稱為進入面相的第一步驟。
4. 面相12宮位置：十二宮位部位的範圍認定。
5. 面相13部位置：以天地人三才為依據，也為面相之重要概念。
6. 上停位：先天祖上福德、公司優劣、少年階段。
7. 中停位：人際關係、財富。　8. 下停位：老年榮衰、土地、田宅。
9. 十二宮相法大顯神通：
一. 命宮：事業、命運。　　二. 兄弟宮：兄弟、財、壽。三. 夫妻宮：婚姻、情人。
四. 子女宮：子女、性慾。五. 財帛宮：財富、積蓄。　六. 疾厄宮：健康、刑厄。
七. 遷移宮：外出之成就。　八. 奴僕宮：僕役、恆財。九. 官祿宮：名譽、地位。
十. 田宅宮：住宅、親情。　十一. 福德宮：福德、福廕。　十二. 父母宮：與父母之緣份。
10. 分類相法概說：頭額、面頰、眉、眼、鼻、嘴、耳、人、中、齒、痣、痕、斑。
11. 流年運：流年行運之吉凶禍福。定位流年法、九執流年法、業務流年法、三停流年法、
　　耳鼻流年法。
12. 氣色：質與氣交媾而顯現於外之形式。13. 透過上課直接觀相及演練。

◎初階，時數13小時　　中階，時數13小時

◎高階，時數16小時　　合計費用 $58000 元，共42小時

上課報名預約專線：0921021360　宏宥老師

◎ 面相論斷、教學　　◎八字、時空卦論斷、教學

◎兩儀卜卦論斷、教學　◎陽宅規劃、鑑定、教學

諮詢論命預約專線：0921021360　宏宥老師

千載難逢的自然生態八字命理 DVD 寶典出爐了
鐵口直斷的切入角度讓您茅塞頓開，
馬上讓您快速進入命理堂奧。

八字時空洩天機教學篇 (初、中級) 易林堂出版
特優價：3980 元 (此套內容等值於外面 36000 元的內容)
「八字時空洩天機 - 雷、風集」的基礎理
論及中階課程已錄製好現場教學 DVD 影片，
共有 10 集，每集約 1 小時 30 分鐘，此套課
程由「十天干、十二地支的基礎，延申，八
字排盤、掌訣、大運排法，刑、沖、會、合、
害的延申、應用實際案例解析，太乙兩儀卦
應用、實戰、分析，讓您掌握快、狠、準的
現況分析」；全套 10 集共約 15 小時（價格
低於市價，市價平均每小時六佰元），原價
六千六百元，優惠「雷、風集」的讀者三千九百八十元，
再附送彩色萬年曆及講義一本，是學習此套學術最有經濟
價值、最好最划算的一套現場教學錄製 DVD，內容活潑生
動，原汁原味，可反覆播放研究，讓您快速學習到此套精
華的學術。

看過此 DVD 保證讓您八字功力大增十年。

◎購買此套 DVD 兩個月內，觀看影片內容有任何問題歡
迎來電諮詢 ※ 電話諮詢時間：
星期一至星期五早上 10:00　11:00　下午 4:00 ～ 5:00
諮詢專線：06-2158531(楊小姐、杜小姐)
訂購方法 :1. 請撥 06-2158531(楊小姐、杜小姐)
　　　　　2. 傳 E-mail 到 too _sg@yahoo.com.tw
　　　　　3. 傳真訂購專線：06-2130812

請註明訂購者姓名、電話、地址以及購買內容
付款方法：郵局帳號：局號 0031204 帳號 0571561
　　戶名：楊貴美 (可用無摺存款免付手續費)

太乙文化事業部，有很多即時資訊，歡迎上部落格觀賞。
除此之外，筆者也不定時在 太乙文化事業 部落格與大家
分享相關最新訊息及上課心得、出版圖書介紹。

請搜尋　太乙文化事業　有詳細資料

十二生肖地支占卜法秘訣面授

(附送 DVD 二集，數字天干、生肖牌卡共二副，本教材上、下冊二本、專解下冊十二項推理來源一本)

太乙老師親自面授，指導十二生肖地支占卜的實戰應用。簡單、易學、實用價值高(也可訓練八字的推理、解象，也可連結八字、擇日學、姓名學、陰陽宅學)，不用任何資料，基礎，只要有興趣，透過太乙為您設計的十二生肖占卜牌卡，就可速成。

面授選擇：面授、諮詢指導兩個小時就可學成，讓您馬上成為占卜大師。學費每人壹萬貳仟捌佰元「含本教材上、下冊二本。附送現場教學 DVD 數字天干、十二生肖二集共約三小時五十分(可反覆複習)、十二生肖占卜牌卡一副(48 張)與數字天干牌卡一副(40 張)及生肖占卜篇專解下冊十二項目的推理由來 320 頁一本 」

面授、諮詢：0982571648　0929208166
預約　　電話：(06) 2158531 楊小姐

購買選擇：可先購置現場教學 DVD 二集，原價 4400 元，特優價 3200 元(共約三小時五十分)，再免費附送十二生肖牌卡一副與數字天干牌卡一副及生肖占卜篇專解下冊十二項目的推理由來一本。建議可先購買觀看預習後再面授，效果更佳。回來面授時，可由 12800 元再扣先前購買的 DVD 3200 元，再補足 9600 元即可。

◎購買此套 DVD 兩個月內，觀看影片內容有任何問歡迎來電諮詢 諮詢專線：06-2158531(楊小姐、杜小姐)
　訂購方法：1. 請撥 06-2158531(楊小姐、杜小姐)
　　　　　　2. 傳 E-mail 到 too_sg@yahoo.com.tw
　　　　　　3. 傳真訂購專線：06-2130812

請註明訂購者姓名、電話、地址以及購買內容
付款方法：郵局帳號：局號 0031204 帳號 0571561
　戶名：楊貴美(可用無摺存款免付手續費)